Das Buch
In dem vorliegenden Buch erzählt Kruemel
wie er einst im Jahr 2007 seine Menschin
bekommen hat und damit einen Job als
Reisebegleitbär.
Er erzählt von seiner ersten aufregenden
Campingreise in die Türkei wo es auch im
Sommer nicht immer sonnig ist, wie Kirschen
zu einer echten Krise führen können und
seiner Begegnung mit einem Orakel.

Der Bär
Kruemel ist ein ca. 28 cm großer
beigefarbener Steiffbär. Er hat seinen
eigenen Kopf, diskutiert gerne und seine
Menschen sind ihm so manches Mal echt
peinlich.
Er ist Reisebegleitbär, Fotomodellbär,
aktiver Reisetagbuchschreiber und seit er im
letzten Herbst sein erstes Buch auf der
Frankfurter Buchmesse präsentieren durfte,
bereit für alle wichtigen Buchpreise!!!!!!

Türkei
eine Campingreise

ein Bär erzählt

Fotografiert und geschrieben von
Maria Schuett

Bibliografische Informationen der
Deutschen Nationalbibliothek:

Die Deutsche Nationalbibliothek verzeichnet diese
Publikation in der Deutschen Nationalbibliografie;
detaillierte bibliografische Daten sind im Internet
über http://dnb.dnb.de abrufbar.

© 2018 Maria Schuett
Herstellung und Verlag:
BoD - Books on Demand, Norderstedt

ISBN 9783746056470

Für meinen geduldigen Mann Wolfgang.
Danke für Deine Unterstützung.

Türkei eine Campingreise
ein Bär erzählt

Fotografiert und geschrieben
von Maria Schuett

Seit 10 Jahren bin ich jetzt der Bär an der Seite meiner Menschin und seit genau dieser Zeit schreiben wir Tagebücher mit der Idee, diese zu veröffentlichen.

Natürlich nicht die Originale. Das geht nicht, sagt Maria, die sind ihr zum Teil zu privat. Also wird sie alles was ich schreibe kontrollieren. Mist, ich finde die Originale sehr lustig. Ich glaube, da werden wir so manches Mal längere Diskussionen haben. Diskussionen habe ich allerdings auch mit der Rechtschreibprüfung meines Schreibprogramms und mit dem Duden.

Da herrscht nicht immer Einigkeit darüber, wie man was schreibt oder wo man mal ein Koma setzt. Oh nein! Zusätzlich hat Wolfgang (der Mann meiner Menschin, nur so als Info für die, die unser erstes Buch noch nicht kennen), dann häufig noch eine ganz andere Schreibvariante parat. Hinzu kommt, dass es sich mit Plüschtatzen auf so kleinen Tastaturen nicht so einfach schreibt.

Einen teuren Lektor, der unsere Bücher kontrolliert, können wir uns nicht leisten, denn dann bleibt vom Buchverkauf bestimmt gar nichts für mich übrig. Ich muss schließlich für mein Alter vorsorgen und brauche auch jetzt etwas Geld, wenn ich mir mal was gönnen möchte.

Teure Lektoren nützen auch nicht immer was. Das weiß jeder der Bücher liest, denn da sind immer kleine oder größere Rechtschreibfehler drin.

Also, achtet auf den Inhalt und nicht auf meine ganz persönliche Rechtschreibung. Die soll so sein!!!!!!

Unser erstes Buch haben wir im April 2017 veröffentlicht. Vielleicht kennt das ja jemand. Da ging es um meine erste Flugreise und Marias Geburtstag, den wir in Istanbul gefeiert haben. Wenn Ihr es nicht kennt, gönnt Euch das Buch. Ist eine nette kleine Geschichte. Gibt`s auch als E-Book, ist dann billiger.

In diesem meinem zweiten Buch erzähle ich wie ich zu meiner Menschin gekommen bin und ich erzähle die Geschichte unserer ersten gemeinsamen Reise, die uns in die Türkei und ein klein wenig auch nach Griechenland geführt hat.

Eins noch, Menschen bekommen Bären und Bären bekommen Menschen. Und ich rede sehr gerne entweder von meinen Menschen, meinen Beiden, meiner Menschin oder ganz einfach von Maria und Wolfgang, denn so heißen meine Zwei.

Wie alles begann.

Mit anderen Bären habe ich im Februar 2007 in einem Bärenladen in Hamburg meine Zeit verbracht. Wir haben viel Spaß miteinander gehabt. Über die Menschen die in unseren Laden kamen, haben wir ganz schön gelästert. Wenn mich jemand genauer in Augenschein genommen hat, habe ich mich entweder rechtzeitig etwas versteckt oder unfreundlich geguckt. Mein ganzes Leben wollte ich jedoch nicht in diesem Laden verbringen, ich wollte ein schönes gemütliches Zuhause und ganz viel erleben.

Zu uns in den Laden kamen viele Menschen, die meisten verließen den Laden in bäriger Begleitung. Häufig habe ich es kaum geschafft, meinen Freunden noch einen Abschiedsgruß zuzurufen, ihnen viel Spaß und ein langes glückliches Bärenleben zu wünschen.

Eines Tages, ich dachte schon es käme nie ein Mensch der mir zusagen würde, kam Wolfgang in den Bärenladen. Wer mein erstes Buch gelesen hat weiß schon, dass ich ein Steiffbär bin. Ich bin 28 cm groß, habe ein beigefarbenes Fell und dunkle Augen. Kurz, ich bin ein sehr edler kleiner Bursche.

Schon beim ersten Blick auf Wolfgang war ich mir sicher, mit ihm will ich mitgehen. Er hatte sich zunächst für einen meiner Brüder interessiert. Schlau wie ich bin, war es mir gelungen, ihn auf mich aufmerksam zu machen. Meinem natürlichen Bärencharme konnte er nicht wiederstehen.
Und dann, so etwas hatten wir hier noch nie erlebt, hat Wolfgang sich bei mir vorgestellt, bevor er mich aus dem Regal genommen hat. Nicht schlecht, die anderen Bären hier haben ganz schön geguckt.

Wie ich schon bemerkte, bin ich ein ganz edler kleiner Bursche und habe ganz genaue Vorstellungen von meinem Leben. Und obwohl ich mir sicher war, dass ich mit Wolfgang mitgehen wollte, galt es etwas klarzustellen: Für klebrige kleine Kinderhände bin ich nicht geeignet.
Ja ja ich weiß, auch dafür sind Bären da. Will er einen Bären für ein Kind, bin ich nicht der Richtige. Da kann er mir noch so sympathisch sein.

Ich weiß, die Hauptaufgabe von uns Plüschbären ist es, für kleine, große und ganz große Kinder da zu sein und zwar in jeder Lebenslage.
Ich bin allerdings der Meinung, jeder Bär sollte sich aussuchen dürfen, für welche Kindergröße er da sein möchte.

Ich habe mich für ganz große Kinder entschieden.
Obwohl, so richtig groß sind meine Menschen
eigentlich nicht.
Ob Maria das, was ich gerade geschrieben habe
durchgehen lässt? Mal sehen.

Na ja, Wolfgang war voller Verständnis und hat mir
erklärt, was und wer da auf mich wartet. Er wolle
mich seiner Frau zum Geburtstag schenken.
Aha! Wolfgangs Frau heißt Maria (meine Menschin)
und hat wohl schon ganz viele Bären, allerdings
nicht so was wie mich. Wie sollte sie auch! So was
wie mich gibt es doch nur einmal. Seine Frau
wünscht sich einen Bären, der sie und ihn auf
Reisen begleitet. Die Reiseerlebnisse dieses Bären
(also meine) sollen dann aufgeschrieben werden und
der Bär (also ich) wird auch sehr viel fotografiert
werden.
Ich hatte ja gleich geahnt, dass er auf der Suche
nach einem ganz besonderen Bären war. Das klang
interessant und schien mir ein recht gutes
Jobangebot zu sein.
Tatsächlich hatte bisher kein Bär in diesem Laden
ein so gutes Jobangebot erhalten. Jedenfalls nicht
so lange ich da war.
Ich ging also lieber gleich mit ihm an die Kasse. Er
akzeptierte ohne Zögern den von der
Bärenhändlerin genannten Preis.

Was dann kam gefiel mir nicht, obwohl ich diesen Vorgang ja schon unzählige Male beobachtet hatte. Man oder besser Bär sollte doch glauben, dass Menschen, die mit Bären handeln, liebevoll im Umgang mit ihnen wären. Weit gefehlt!

Ich wurde erst in meinen Koffer gestopft und dann samt Koffer in eine Tasche. Der Koffer ist ja toll, aber ich passe da doch gar nicht richtig rein und werde mein Leben bestimmt nicht in meinem Koffer verbringen.

Wolfgang war angesichts dieser Behandlung auch sehr erschrocken und nickte mir noch schnell beruhigend zu, bevor sich der Kofferdeckel schloss.

Ich verstehe bis heute nicht, warum Wolfgang mich erst zu Hause aus dem Koffer rausgeholt hat.

Es war wirklich sehr eng, recht dunkel und ungemütlich im Koffer.

Entsprechend sauer habe ich reagiert. Wolfgang hat sich bei mir entschuldigt, das war wohl auch das Mindeste was ich erwarten konnte.

Trotz dieser Behandlung war ich froh, endlich ein Zuhause zu haben.

Bis zu Marias Geburtstag waren es noch einige Tage die ich nutzen wollte, um mich in meinem Zuhause ein wenig umzusehen und Kontakte zu den anderen hier lebenden Bären zu knüpfen.

Ich war ganz schön überrascht, wie viele Bären hier leben. Ein buntes Bärenvölkergemisch. Große, Kleine, Dicke, Dünne, einige Ausländer und ein paar Bären, die hier im Haus geboren wurden. Meine zukünftige Menschin scheint eine große Bärenfreundin zu sein.

Natürlich konnte ich mich nur mit den anderen Bären unterhalten wenn Maria nicht im Haus war. War sie zu Hause, habe ich mich in Wolfgangs Zimmer versteckt.

Lange habe ich mich mit Pepe unterhalten. Pepes Mensch ist Wolfgang. Ihn hat Maria vor vielen Jahren für einen ihrer Neffen als Weihnachtsgeschenk gekauft. Es gibt Bären, die sich ihre Menschen selbst aussuchen und Pepe ist so ein Bär. Als Maria Pepe Wolfgang gezeigt hat, war es um die zwei geschehen und Maria hat für ihren Neffen einen anderen Bären gekauft.

Ähnlich verhält es sich mit Muschelmaus. 1993 hat Muschelmaus Maria auf einer Griechenlandfähre kennengelernt. An die erste Begegnung erinnert sie sich noch ganz genau. Maria hat sie gesehen und wollte sofort mit ihr zu dem jungen Griechen an die Kasse eilen.

Wolfgang war zunächst nicht so begeistert von ihr und hat sie doch glatt wieder ins Regal gesetzt.

Maria hat Wolfgang böse und Muschel freundlich angeblickt, und so sind die Drei dann an die Kasse gegangen.
Der junge Grieche an der Kasse hat sich von Muschel per Handschlag verabschiedet.

Ganz klar liebt Muschel Griechenland und hat meine Menschen schon oft auf Reisen begleitet. Ich denke mit ihr werde ich mich gut verstehen und von ihrer Reiseerfahrung kann ich nur profitieren.

Vor ein paar Jahren hat Maria ihr eine Griechenlandflagge gekauft. Ohne diese Flagge fährt Muschel seit dem nirgendwo hin. Es ist auch völlig egal wo wir hinfahren, für sie kann kein Land mit Griechenland mithalten. Die griechische Finanzmisere nimmt Muschel überhaupt nicht zur Kenntnis.

Den Reisebärenjob hätte sie übrigens abgelehnt.
Sie kennt das mit den Fotos nur zu gut und kann es überhaupt nicht leiden, in eine Wiese voller Krabbelkäfer gesetzt zu werden.
Ich glaub sie ist auch zu groß für den Job, wenn ich da an enge Taschen und Rucksäcke denke.

Ich schweife ab, also zurück in das Jahr 2007.

Die Zeit in Wolfgangs Zimmer habe ich damit
verbracht, Pläne zu schmieden. Mir war aufgefallen,
viele Bären hier haben Kleidung.
Kleidung will ich auch, nur so im Plüschfell-Outfit auf
Reisen gehen ist nicht drin. Pepe hat darüber hinaus
noch so einige Besitztümer und das meiste davon
hat er von Maria bekommen. Sie scheint also nicht
geizig zu sein.

Einen Koffer für meine Besitztümer habe ich ja
schon. Zu irgendwas muss der ja nützlich sein. Für
mich persönlich als Aufenthaltsort ist er schließlich
nicht akzeptabel. Keine Ahnung, was die Firma
Steiff sich dabei gedacht hat, mir einen Koffer zu
spendieren.

Die Tage bis zum Geburtstag wurden mir dann
doch etwas lang. Ich wollte endlich meine Menschin
kennenlernen. Auf Nachfragen haben die anderen
Bären zwar mit beruhigenden Worten reagiert,
doch ich war neugierig und unruhig.
Ich bin schließlich ein ganz besonderer Bär und
brauche ganz klar auch ein besonderes
Menschenkind.

Am Vorabend von Marias Geburtstag hat
Wolfgang mich dann aus seinem Zimmer geholt und
auf einen Tisch im Wohnzimmer gesetzt.
Da saß ich nun inmitten ganz vieler Blumen und war
besorgt, ob ich das ohne allergische Reaktionen
überstehe.
Ich musste die ganze Nacht in meinem Koffer
sitzen. Wenigstens war der Deckel geöffnet. Vor
lauter Aufregung habe ich die ganze Nacht kein
Auge zugemacht.

Unsere erste Begegnung war richtig gut. Maria hat
sich sehr über mich gefreut. Ich mich auch über sie,
das zeigte ich ihr allerdings nicht. Man, oder in
meinem Fall Bär, sollte bei der ersten Begegnung
mit seinem Menschen durchaus zurückhaltend sein.

Dass meine Menschin Maria heißt wusste ich ja
schon, mich hat die Firma Steiff Fynn genannt. Ich
hatte den Namen allerdings immer nur als
vorläufigen Namen angesehen, so toll fand ich den
nämlich nie. Maria offensichtlich auch nicht. Da
waren wir zwei uns einig. Das kommt, was ich
damals noch nicht wusste, nicht allzu häufig vor.

Maria hat mich dann gleich Kruemel genannt.
Der Name gefiel mir sofort.
Ich finde Kruemel Schuett hört sich super an.

Hoffentlich muss ich nicht niesen.

Muschel mit ihrer Griechenlandflagge.

Tja, unser Kennenlernen fand ich sehr vielversprechend. Irgendwie hat Maria sofort gewusst, dass ich ein Bär bin, der auf Kleidung Wert legt. Ich habe noch an ihrem Geburtstag ein T-Shirt bekommen. Dann war allerdings Pause. Sie musste arbeiten gehen und am Wochenende kamen diverse Familienmitglieder zum Geburtstagskaffee. Ziemlich blöd für mich. Maria hatte nicht gleich so richtig Zeit für mich. Das gefiel mir ganz und gar nicht. Ich fand ja, bevor wir miteinander auf Reisen gehen, sollten wir uns kennenlernen.

Ich hatte eine Menge Fragen zu meinem Job als Reisebär. Übrigens, einen Arbeitsvertrag habe ich bis heute nicht. Ich glaube deshalb haben wir, Maria und ich, so häufig Diskussionen darüber, was zu meinen Aufgaben gehört und was nicht.

Wichtig für mich war zu erfahren:

Wann und wohin reisen wir?
Wie reisen wir?
Wann bekomme ich die entsprechende Ausrüstung?

Alles wichtige Fragen für einen Plüschbären! Da kann der Bär, also ich, schon erwarten, zügig Antworten zu erhalten.

Muschel hatte mir schon erzählt, dass wir Campingurlaub machen und meist mit unserem Wohnwagen in den Süden reisen. Schon nicht schlecht, so als erste Info. Bei aller Freude über den von Wolfgang angebotenen Job hatte ich ihm keine weiteren Fragen gestellt und ihm nur gesagt, was ich nicht will. Jetzt musste ich warten bis Maria Zeit hatte, mir alles zu erklären.
Blöd für mich, aber da hatte ich selbst Schuld.

Unsere Sommerreisen beginnen häufig Ende Mai oder Anfang Juni und wie mir Muschel ja schon verraten hatte, führen die meist in den Süden. In diesem Jahr sollte es in die Türkei gehen. Okay, die Türkei liegt also im Süden. Fand ich ganz schön aufregend. Die Türkei ist schließlich ziemlich weit weg von unserem Zuhause. In Wolfgangs Zimmer hab ich, ich hatte ja viel Zeit, Landkarten gefunden und da waren auch Straßenkarten der Türkei dabei.
Meine Menschen waren also schon in der Türkei. Musste lange her sein, denn die Karten waren alle schon älter und sahen irgendwie ziemlich gebraucht aus. Heute weiß ich, dass fast alle Landkarten, die Maria in den Händen hatte, so aussehen.
Keine Ahnung warum. Sie schafft es, jede Landkarte alt aussehen zu lassen. Wolfgang klebt sie dann immer.

Im Bücherregal hatte ich dazu noch einen Atlas entdeckt, so ein uraltes Teil aus Wolfgangs Schulzeit. Da habe ich dann genau sehen können wo die Türkei liegt. Weit weg! Wie kommen wir denn dahin? Und was bitte schön ist denn nun Camping?

Inzwischen bin ich ein sehr erfahrener Campingbär und in meinem ersten Buch habe ich schon mal ganz kurz erklärt, was Camping ist. Für alle Nichtcamper erkläre ich es hier nochmal.

Was ist Camping? Also Camping ist auf alle Fälle super. Vielleicht nicht immer, kommt drauf an. Camping ist, wenn man seine gute Stube, seine Küche, sein Schlafzimmer und wenn möglich sein Badezimmer dabei hat. Gut, vom Badezimmer meist nur einen Teil, denn Badewanne und Dusche haben wir nicht dabei. Ich brauche das Badezimmer eh nicht.

Das alles kann in einem Wohnmobil, einem Wohnwagen oder einem Zelt untergebracht sein. Manchen Campern reicht auch einfach ihr Auto oder sie schlafen in ihrem Schlafsack unter einem Baum. Also das machen wir auf gar keinen Fall.

Dann sucht man sich einen Campingplatz oder einen Wohnmobilstellplatz und lässt sich häuslich nieder.

So manchem Camper reicht auch ein Parkplatz, das nennt man dann wildes Campen. Muss man aber aufpassen, ist nicht überall erlaubt. Campingplätze haben übrigens Toiletten und Duschen. Badewannen glaube ich nicht. Campingplätze sind nicht alle gleich, es gibt da die unterschiedlichsten Varianten. Dazu erzähle ich später mal was. Campingleben ist sehr abwechslungsreich und kann sehr unterhaltsam sein. Auch dazu später mehr.

Damit waren die ersten Fragen geklärt. Ich wusste nun, wohin wir Reisen werden und wie wir reisen. Blieb noch die Frage meiner Ausrüstung. Ein T-Shirt hatte ich ja schon und bald ein Zweites zum Wechseln. Sehr schnell hat mir Maria eine bequeme dunkelblaue Hose gekauft. Einen warmen Pullover musste ich aus zweiter Hand nehmen, den hatte sie vor längerer Zeit gekauft. Bestimmt für mich. Kann nicht anders sein. Ein vorwitziger, von Maria gestrickter Bär, hatte sich den Pulli einfach angezogen. Der war ganz schön sauer, als er mir den Pulli überlassen musste. Ich hätte mir das nicht gefallen lassen, zwangsweise einen Pulli gegen ein T-Shirt tauschen zu müssen.

Von einem Einkaufsbummel hat sie mir eine Mütze und eine Sonnenbrille mitgebracht. Die Mütze musste sie etwas kleiner machen, die gab es nicht in meiner Größe.

Eine Badehose hat sie mir selbst genäht. Sieht ziemlich schick aus. Was ich mit dem Schwimmring soll, den sie für mich gekauft hat, ist mir nicht klar, denn ich werde auf keinen Fall Baden gehen. Ich will nicht, wie von ihr angedroht, mit Wäscheklammern an den Ohren auf eine Leine gehängt werden. So was sieht sehr brutal aus.

Habe ich inzwischen auf einem Campingplatz gesehen. Hat Maria fotografiert. Guckt Euch mal das Foto an.

Einen Rucksack für so wichtige Dinge wie Kompass (Bär kann nie wissen, ob der nicht mal wichtig wird), einem Thermometer (Bär muss schließlich wissen, wie warm oder kalt es ist), einem Portemonnaie (noch ohne Inhalt) und einem heiligen Christophorus (dem Schutzpatron der Reisenden), hatte ich auch geschenkt bekommen.

Für`s erste fühlte ich mich gut ausgerüstet.

Damals wusste ich noch nicht, dass man als Reisebär selbstverständlich auch einen Reisepass benötigt. Den habe ich 2010 bekommen. Ich will gar nicht darüber nachdenken was passiert wäre, wenn man mich an einem Grenzübergang nach meinem Ausweis gefragt hätte.

Muschel hat keinen Ausweis. Sie sitzt auch während der Fahrt immer im Wohnwagen. Bin mir nicht sicher, ob das wirklich erlaubt ist.

Ich sitze während der Fahrt immer vorne im Auto bei meinen Menschen. Hab schließlich einen Job zu erledigen.

Bei der Ausstellung meines Passes kam dann die Frage meiner Herkunft auf. Als Geburtsort wollte Maria „China" eintragen. Geht`s noch? Ich bin ein Steiffbär!!! Das hat Maria auch nicht bestritten, nur glaubt sie, dass ein Steiffbär deshalb nicht automatisch in Giengen geboren wird. Für alle die es nicht wissen: In Giengen hat die Firma Steiff ihren Firmensitz.

Sie behauptet, ich wäre genauso hergestellt worden wie die Bären, die sie selber näht, nur halt in China. Also aus Plüschstoff, auf den sie die Umrisse aller Körperteile malt, die sie dann ausschneidet und zusammennäht. Dann füllt sie die einzelnen Körperteile mit Granulat und spezieller Watte, näht Augen und Ohren an den Kopf und stickt Mund und Nase drauf damit der Bär gucken, riechen, hören und reden kann.

Ich kann mir nicht vorstellen, dass ich aus solchen Stoffstücken hergestellt wurde. Ich hab ja schon zugeguckt wie Maria Teddys näht. Muss doch wehtun, wenn mit Nadeln in einen hineingestochen wird. Maria zuckt auch immer zusammen, wenn die Nähnadel in ihrem Finger statt im Stoff landet.

Müsste ich mich doch dran erinnern. Maria meint nein, niemand erinnert sich an seine Geburt.

Ich weiß nicht so recht, könnte sogar stimmen. Ich hab mal die von Maria genähten Bären gefragt und da konnte sich tatsächlich keiner an die Nadelstiche erinnern. Mich schüttelt es trotzdem.

Allerdings was meinen Geburtsort angeht, da gebe ich nicht nach. Ich bin in Giengen geboren und nicht, wie Maria zu wissen glaubt, in China.

Sie behauptet, das steht auf der kleinen Fahne die an meinem Ohr befestigt ist. Ich hab versucht, die zu lesen. Hab ich nicht mal mit Spiegel und Lupe geschafft. Sie kann mir also viel erzählen.

Ich bleib dabei, mein Geburtsort ist Giengen. Steht ja auch in meinem Pass. In meinem ersten Buch über unsere Istanbulreise könnt ihr das kontrollieren. Ist ein Foto drin von meinem Pass.

Und wenn ich mir vorstelle, wie in China genähte Bären nach Deutschland transportiert werden, gruselt es mich. In Containern!!!!

Geht gar nicht, solche Container werden mit Schiffen transportiert.

Ich weiß doch wie das aussieht, hab ich doch schon gesehen, wie die Container da auf den Schiffen gestapelt werden.

Alle übereinander!!!!!

Was ist bei Sturm??? Das ist doch gefährlich. Stellt Euch mal vor wenn da so ein Container in die tobende See fällt, was passiert denn dann mit den ganzen Bären darin???
Haben die da Rettungswesten und Rettungsinseln drin? Mag ich überhaupt nicht drüber nachdenken, das macht mir irgendwie Angst.

Gut, dass ich in Giengen an der Brenz geboren wurde.

Zum Thema Reisepass gibt es eine kleine Geschichte. In meinem Tagebuch von 2010 hab ich am 29.5.2010 dazu folgendes notiert:

Rothenburg ob der Tauber

Scheißtag! Ich weiß, das sagt man nicht, aber schreiben geht schon. Na ja, es geht mir schon wieder etwas besser. Ich hatte mich so auf unseren Urlaub gefreut. Schließlich waren wir in diesem Jahr noch überhaupt nicht los, obwohl meine Menschen es versprochen hatten.

Heute Morgen (ich brauche dringend einen eigenen Spiegel), sieht Maria einen Kugelschreiberfleck auf meiner Nase. Mist!!! Muss passiert sein, als ich meinen Reisepass unterschrieben habe.

Ich hab mich so über den Pass gefreut. Und jetzt das, ein Fleck auf meiner Nase.
Garantiert hat Maria Schuld.
Allerdings war sie genauso erschrocken wie ich.

Der Fleck hat unsere an sich sehr ruhige Fahrt hierher echt belastet. Wir waren beide nicht gut drauf.
Mit viel Aufwand hat Maria es geschafft: Der Fleck ist weg.
Hat nicht wehgetan, aber was für Gerüche ich ertragen musste. Ist meine Nase eine Brille?
Gut, mit dem Brillenputztuch wurde es schon etwas besser. Dann kam ein Erfrischungstuch dran.
Komisch, dass sie so was benutzt, denn wenn ihre Oma früher im Auto ein 4711 Erfrischungstuch benutzt hat, wurde ihr regelmäßig schlecht.
Als Drittes, und das roch besser, hat sie es mit ihrem Gesichtswasser versucht. Vertrauter Geruch, so riecht sie schließlich auch. Den Rest hat sie mit verdünntem Wasserstoffperoxid weggekriegt.
Sie scheint mich zu mögen.

Jetzt kann ich mich wieder in der Öffentlichkeit sehen lassen. Mit dem Fleck auf der Nase war es mir zu peinlich.

Inzwischen habe ich übrigens einen Spiegel. Typisch
für Maria musste er ein wenig orientalisch sein.
Kann Bär nix machen.

Da muss es passiert sein.

Das sieht doch brutal aus, der arme Bär.

Eines Tages, nach endlosen Vorbereitungen meiner Menschen, ging es endlich los.

Mein erster Urlaub.

Es geht los! Ich bin so was von aufgeregt. Ist ja sozusagen mein erster Arbeitstag. Hoffentlich mache ich alles richtig.

Ich hatte mich mit Hilfe von Landkarten, Wolfgangs altem Atlas und den Ausarbeitungen des ADAC´s, die sich meine Menschen stets für ihre Reisen schicken lassen, gut vorbereitet. Ich wusste auch, dass wir einen Teil der Strecke mit einem Schiff zurücklegen würden. Natürlich hatte ich die Tickets kontrolliert. Ich wollte mir mein Ticket ansehen. Gab aber keins mit meinem Namen drauf. Muschel hat mich gleich beruhigt, denn Plüschbären werden kostenlos mitgenommen.
Vorausgesetzt, sie sind in Begleitung ihrer Menschen. Hoffentlich hat sie da Recht.

Wir wollen 4 Wochen unterwegs sein. Super.
Am ersten Tag sind wir nur gefahren. Langweilige Autobahn. Für meine Kurzweil hat Maria gesorgt. Ich war schon überrascht, über ihre Art den Verkehr zu kommentieren. Wolfgang hat es da echt nicht leicht. Ich auch nicht.

In meinem ersten Buch hab ich schon mal was dazu geschrieben. Da ging es um eine stark befahrene Einfallstraße nach Istanbul, aber jetzt befinden wir uns auf einer ganz normalen langweiligen deutschen Autobahn.

Maria mag halt am allerliebsten ganz leere Straßen die schnurgerade ohne jede Kurven, ohne eine Steigung oder noch schlimmer ein Gefälle durchs Land führen.

Die gibt`s fast nirgendwo.

Ich bin mir sicher, selbst dann wäre da noch ein Verkehrsschild das sie uns vorlesen würde, in der Annahme, wir sehen es nicht.

Wir haben es bis heute nicht geschafft, sie während der Fahrt ruhig zu stellen, dabei wäre das doch so praktisch, weil wir dann so manches Mal zügiger vorankämen. Gibt`s da Medikamente? Früher, bevor wir uns ein Navi zugelegt haben, wurde sie manchmal durch die Beschäftigung mit den Straßenkarten etwas abgelenkt.

Dafür hatten wir andere Probleme: Meint sie wirklich rechts wenn sie rechts sagt, oder meint sie links und was bitte heißt „Da vorne so komisch der Straße folgen"? Es ist auch nicht hilfreich zu hören, dass man gerade da, wo man hätte abbiegen müssen, vorbei gefahren ist.

Unser erster Tag war ein recht langer Fahrtag. Hatte allerdings auch einen Grund. Marias Eltern waren gerade in Oberstdorf im Urlaub. Oberstdorf liegt im Allgäu mittenmang hoher Berge. Echt hübsch dort, kann ich nur empfehlen. Inzwischen kenne ich Oberstdorf recht gut, erzähle ich später in einem anderen Buch mal mehr drüber. Dort gibt es einen sehr schönen Campingplatz mit vielen Plätzen, die freie Sicht auf die Berge bieten. Meine Zwei haben unseren Wohnwagen abgestellt, Muschel und mich zum Bergegucken ans Fenster gesetzt und sind selbst gleich weiter zu Marias Eltern gefahren.

Vorne ich und hinten Oberstdorf.

Marias Eltern mieten sich immer eine Ferien-
wohnung und wussten nicht, dass wir kommen.
Normalerweise fahren wir am ersten Tag immer
nur bis Rothenburg ob der Tauber. Wusste ich
damals aber noch nicht.
Marias Eltern haben sich riesig gefreut und mit
meinen Menschen Abendbrot gegessen.

Am nächsten Morgen sind wir gleich weiter
gefahren. Wir sind ein ganz klein wenig unter
Zeitdruck, und das lieben wir alle Drei nicht so
besonders.
Übermorgen wollen wir mit einer Fähre von Venedig
nach Griechenland fahren. Vorher müssen wir noch
über die Alpen.

Mir war schon klar, dass das mit Maria recht lustig
werden kann. Wolfgang und ich haben versucht, ihre
Bemerkungen und Zuckungen zu ignorieren.
Ich hab mich auf die Berge konzentriert und
Wolfgang aufs Autofahren.
Wir wohnen in Norddeutschland und da ist ja alles
eher flach.

Die Berge scheinen ganz schön hoch zu sein,
teilweise liegt auch Schnee oben. Ich war sehr
gespannt, wie wir da rüber kommen.

Unser Tagesziel war Venedig und das liegt auf der anderen Seite der Alpen.

Hätt ich mir ja denken können, dass da ganz normale Straßen hinführen. Gut, es geht bergauf und bergab und in Kurven und Kehren und über Brücken und durch Tunnel. Macht einfach Spaß und dazu gibt es immer wieder neue Ausblicke auf die Berge. Vor allem Kehren sind super, das sind enge Kurven wo Du von jetzt auf gleich die Richtung wechselst. Dabei geht es entweder bergauf oder bergab. Können auch mal ganz viele Kehren hintereinander kommen, das macht dann besonders viel Spaß.

Allerdings tatsächlich nicht, wenn dann da auch noch Lkw`s, Busse und Motorräder fahren. Motorradfahrer sind sowieso eine ganz besondere Spezies. Erzähl ich irgendwann mehr drüber. Hier jetzt nur so viel. Die fahren fast immer in Gruppen, glauben, man kann auch bei Gegenverkehr überholen und drängeln sich in jede noch so kleine Lücke. Müssen gute Schutzengel haben.

Ganz genau sind wir von Oberstdorf nach Füssen gefahren und von dort weiter zum Fernpass. Der ist 1260 m hoch, liegt in Österreich (mein erstes Ausland) und ist ein beliebtes Ausflugsziel.

Gibt dort einen See in dem man sogar Tauchen kann. Also ich eher nicht.
Ihr wisst schon, wegen der Wäscheleine!

Für uns ist das hier allerdings kein Ausflug, sondern der Weg nach Venedig.
Vom Fernpass geht es weiter Richtung Innsbruck. Bevor wir bei Telfs auf ein sehr langweiliges Stück Autobahn kommen, gibt es erst noch eine besonders schöne schmale Straße.
Die führt durch einen Wald und das auch noch schön bergab und klar, dürfen da auch Radfahrer fahren. Super! Ich liebe diese Strecke. Maria nicht! Nur welche Strecke liebt sie schon? Vielleicht ja die langweilige Autobahnstrecke von Telfs nach Innsbruck.

Hinter Innsbruck wird es dann wieder super. Für Wolfgang und mich, für Maria nicht.
Es geht immer weiter bergauf. Schließlich wollen wir nach Italien und das liegt auf der anderen Seite der Alpen.
Die Grenze zwischen Österreich und Italien ist so richtig im Gebirge, direkt auf dem Brenner, in einer Höhe von 1370 m. Hab ich bei Wikipedia nachgelesen. Richtig heißt das da Brennerpass oder auf Italienisch Passo del Brennero.

Vom Brennero geht es fast nur noch bergab, bis wir dann kurz vor Verona endgültig die Alpen wieder verlassen.

Inzwischen bin ich, was diese supertolle Strecke angeht, ja Profi. Ich liebe sie.

In Verona biegen wir dann links ab, Richtung Venedig. Keine aufregende Strecke.

Eine sechsspurige Autobahn, da gibt es selbst bei Maria nur wenige nervöse Zuckungen.

Bei meiner ersten Alpenüberquerung hatten wir nicht so richtig gutes Wetter und hinter Verona regnete es. Ich war neugierig auf Venedig und auf meinen zweiten Campingplatz und hab mich dann da so gar nicht wohl gefühlt. Eher wie auf einem Abstellplatz. Strategisch gut gelegen war er ja, der Campingplatz. Aber sonst?

Meine Menschen kannten den Platz und versuchten mich zu beruhigen. Ist doch nur für zwei Nächte und wir würden von hier gut mit dem Bus in die Stadt fahren können. Auch wären wir übermorgen sehr schnell im Fährhafen.

Also ich fand den Platz so überhaupt nicht in Ordnung, viel zu laut weil viel zu dicht an der Autobahn und dazu wurde abends noch im Restaurant gefeiert.

Ich verstand meine Zwei nicht. Gut, die großen Plätze mit Badestrand auf der Halbinsel Cavallino-Treporti sind nicht für uns geeignet. Wir waren ja quasi nur auf der Durchreise und wollten viel von dieser herrlichen Stadt sehen und keinen Badeurlaub machen.

Trotzdem, es muss doch etwas dazwischen geben, also zwischen Abstellplatz und Badeplatz.

In meinem ersten Jahr musste ich das ja so hinnehmen. Mir war allerdings sofort klar, ich sollte mir mal das dicke Buch schnappen in dem ganz viele Campingplätze vorgestellt werden.
Ist praktisch so ein Buch, nennt man übrigens Campingführer.
Muss man nur reingucken, lesen können und Schwups hat man oder in meinem Fall Bär einen Überblick über Venedigs Campingplätze. Und siehe da, es gibt doch glatt sehr viele schöne Plätze rund um Venedig.

Inzwischen haben wir sogar mehrere dieser Bücher.
Braucht man als Camper, kann man Geld sparen.
In den Büchern gibt es oft praktische kleine Karten. Wenn man die zur richtigen Zeit beim Anmelden auf dem Campingplatz vorzeigt, gibt`s Prozente.

Ich schweife ab. Bevor ich jetzt etwas über Venedig erzähle, nur noch so viel: Was Venedig angeht, fahren wir inzwischen auf einen Campingplatz in Fusina. Der liegt am Wasser, direkt gegenüber von Venedig. Hat man einen schönen Blick auf die Stadt und kann mit einem kleinen Schiff rüber in die Stadt fahren. Den Platz hab ich ausgesucht. Billiger als der Abstellplatz ist er auch noch. Ich glaub, über den Platz erzähle ich im nächsten Buch mehr.

Übrigens, hier war nicht viel los, kaum andere Camper. Wunderte mich nicht.

So, nun aber wirklich Venedig.

2007 wusste ich noch nicht viel über die Stadt. Gut, ich wusste sie liegt im Meer, besteht aus vielen kleinen Inseln, hat statt Straßen Kanäle, statt Autos fahren dort Schiffe und es gibt sehr viele Brücken.

Sollen aber nicht so viele Brücken wie in Hamburg sein. Große Plätze heißen dort Campos, davon gibt es übrigens sehr viele. Nur der Markusplatz heißt Piazza.

Wir sind morgens gleich nach dem Frühstück vom Campingplatz los in Richtung Bus. Kein schöner Weg und das Wetter auch nicht wirklich gut. Immer wieder Regenschauer. Laut Campingführer sollte es einen Shuttlebus vom Campingplatz zum Piazzale Roma geben, aber das war wohl nix. Nicht mal Bustickets konnten wir auf dem Campingplatz kaufen. Haben wir aber alles hingekriegt. Sind ja zu Dritt. Die Bustickets konnten wir in einem Tabakladen direkt an der Bushaltestelle kaufen. Der war glücklicherweise geöffnet. Keine Ahnung was wir gemacht hätten, wenn der geschlossen gewesen wäre, denn im Bus kann man keine Fahrscheine kaufen.

Meine Menschen waren, was das angeht, ziemlich entspannt. Diese Situation hatten sie schon mal vor ein paar Jahren. Damals sind sie weiter zum Bahnhof in Mestre gelaufen. Dort kann man Tickets kaufen und fährt dann halt mit der Bahn zum Piazzale Roma. Das ist der Platz am Ende der Brücke, die nach Venedig führt.

Dort ist auch der Busbahnhof und es gibt dort viele Parkhäuser. Irgendwo müssen die Venezianer ja ihre Autos abstellen. Kurz vor dem Piazzale Roma geht es übrigens auch zum Fährhafen ab.

Aber das war ja erst am nächsten Tag dran.

Trotzdem, schon mal gut zu wissen.

Ich weiß gar nicht mehr, wie lange die Busfahrt gedauert hat. Hab ja auch nix gesehen, war ja in der blauen Tasche. Der Bus war ziemlich voll und wir alle Drei froh, als wir am Piazzale Roma aussteigen konnten.

Ist ziemlich einfach, sich in Venedig zurecht zu finden. Gibt eine Menge Schilder, auf denen für Touristen wichtige Hinweise stehen. Trotzdem haben wir immer einen Stadtplan dabei und Wolfgang ist meist gut im Stadtplan lesen.

Ist also ganz leicht für uns, den Weg vom Piazzale Roma zum Marcusplatz zu finden.

Wir folgen immer schön den gelben Schildern „San Marco per Rialto", das heißt wir laufen quer durch die Stadt.

Dauert ein bisschen, gibt ja zwischendurch viel zu gucken und damit meine ich nicht nur die vielen Geschäfte, sondern auch die alten verwunschenen Paläste an denen wir vorbeikommen und all die Brücken über die wir müssen.

Der Piazzale Roma liegt direkt am Canale Grande, dem wichtigsten Canale der Stadt und der ist 3,8 Kilometer lang. Vier Brücken führen über den Canale.

Die älteste, die Rialtobrücke, liegt direkt auf unserem Weg zum Marcusplatz. Ist immer viel Betrieb dort.

Gar nicht so einfach, dort an das Brückengeländer zu kommen, soviel wie da fotografiert wird.
Klar hat Maria auch fotografiert, nur leider nicht mich. Übrigens, gleich unterhalb der Brücke gibt es in einer kleinen Seitengasse leckere Pizza auf die Hand. Auf die Tatze leider nicht.

Abgelenkt auf unserem Weg zum Markusplatz haben uns auch Venedigs Gondeln. Das sind schmale schwarze Schiffe mit plüschigen Sofas und Sesseln drin. Die Gondeln haben keinen Motor sondern einen Gondoliere, der mit Hilfe eines langen Paddels (keine Ahnung ob man das Ding wirklich so nennt), die Gondel bewegt.

Gondoliere haben es nicht einfach, viel zu viel Verkehr auf den häufig doch sehr schmalen Kanälen. Manche Gondoliere singen für ihre Fahrgäste oder haben zusätzlich einen Sänger an Bord. Kostet bestimmt extra.
Gibt richtige Haltestellen für den „Servicio Gondola".
Mit so einer richtig plüschigen Gondel würd ich gerne mal fahren.
Maria bestimmt auch! Die will das nur nicht zugeben, glaub ich. Ist auch gar nicht so teuer. Laut Wiki Voyage kostet Gondelfahren für 40 Minuten 80 Euro am Tag und 100 Euro nachts.

Ich glaub, das hab ich letzten Sommer auch einer an einer Haltestelle vom „Servicio Gondola" gelesen.

Und das ist nicht der Preis pro Person oder Bär, sondern für die Gondel. Die hat meist 6 Sitzplätze.
Zu teuer kann ihr das eigentlich nicht sein.
Liegt es vielleicht am schwankenden Boot? Sie ist ja eigen, kleine Boote nur mit Wolfgang und Rettungsweste.
Kein Problem, Wolfgang ist eh dabei und ihre Rettungsweste können wir doch von zuhause mitnehmen.
Ich stell mir das gerade vor, muss lustig aussehen, sie so als einzige mit Rettungsweste.
Oder hat sie Angst vor dem Einsteigen und Aussteigen? Schwankt schließlich ziemlich die Gondel. Muss sie aber nicht haben, wir sind doch bei ihr.

Der Markusplatz ist riesig, viele Tauben, viele Menschen und an zwei Seiten so richtig alte Cafés mit Livemusik. Leider setzen wir uns da nie zum Kaffeetrinken hin.
Die Tauben zu füttern ist verboten und wird trotzdem gemacht. Wird ja auch Taubenfutter verkauft und dann stürzen sich die Tauben aufs Futter und damit auch auf die Menschen die sich unbedingt mit den Tauben fotografieren lassen wollen.

Also, ich will das nicht, das heißt: Ich will keine Tauben füttern und keine Fotos mit Tauben.

Die Markuskirche, die eine ganze Seite der Piazza San Marco einnimmt, wurde für die Reliquien des heiligen Marcus, des Schutzpatrons der Stadt, im 11. Jahrhundert erbaut.
Besichtigen lohnt sich, auch wenn wir da jedes Mal anstehen müssen.
Maria liebt die vielen Mosaikbilder und die Pferde von San Marco. Das sind vier lebensgroße vergoldete Bronzeplastiken, deren Kopien die Loggia am Westportal des Markusdoms schmücken.
Die Originale sind im Dom und Maria genießt den Anblick immer wieder sehr. Wahrscheinlich, so meine Theorie, weil die Pferde im Jahr 1204 nach der Plünderung Konstantinopels, also Istanbuls, durch die Kreuzfahrer nach Venedig geschafft wurden. Wie alt die Pferde genau sind und woher sie eigentlich kommen ist nicht so ganz klar.

Jeder der unser erstes Buch gelesen hat, weiß Bescheid. Maria liebt Istanbul.

Richtig wäre es übrigens, den Markusplatz von der Wasserseite her zu betreten.

Ja, ich kenne die Filme über das Leben der Kaiserin Elisabeth von Österreich. Ist ja irgendwie Allgemeinbildung. Lange vor meiner Zeit hat Maria sich einmal im Jahr mit ihren Freundinnen zu einem sehr langen Kaffeeklatsch getroffen um sich alle drei Sissifilme anzusehen. Sie nannten das ihren Sissinachmittag. Schade, dass ich nie dabei war.

Wenn man den Markusplatz von der Wasserseite her betritt, kommt man zuerst auf den „Piazetta" genannten namenlosen Platz und da stehen zwei große Säulen. Auf der linken Säule ist der Markuslöwe, die Flügel haben ihm die Venezianer verpasst. Warum? Keine Ahnung.
Auf der rechten Säule steht der heilige Theodor, der war der erste Schutzheilige der Stadt.

Zwischen den Säulen wurden einst die Feinde der Republik Venedig mit dem Schwert hingerichtet.
Die Venezianer gehen, um Unglück zu vermeiden, lieber außen um die Säulen rum.
Und was machen wir? Latschen mitten durch.

Links dann am Eingang zur Piazza San Marco steht der 98 Meter hohe Campanile. Der Glockenturm ist der höchste Turm der Stadt und ursprünglich aus dem 12. Jahrhundert.

Der ist 1902 eingestürzt, einfach so. Will Maria deshalb nicht auf den Neubau? Ist doch sogar ein Fahrstuhl drin und der Blick über die Stadt bis hin zu den Alpen soll super sein.

2007 hab ich nicht viel von Venedig gesehen. Das Wetter war nicht so toll und Regenkleidung hatte ich noch nicht. Meine Menschen sind trotz Regenschirm pitschnass in den Bus zurück zum Campingplatz gestiegen.

Viele Fotos haben wir nicht gemacht. Alleine wollte ich nicht, war mir zu windig. Ich wollte nicht ins Wasser fallen. Ein Andenken an meinen ersten Besuch in Venedig habe ich allerdings bekommen. Maria hat mir ein himmelblaues Venezia-T-Shirt gekauft.

Inzwischen habe ich viel von der Stadt gesehen. So was ist einfach mit meinen Menschen, sie laufen gerne kreuz und quer durch Städte.
Venedig ist wirklich toll, viele Kirchen und viele Campos, also Plätze, wo häufig auch schöne Musik gespielt wird.

Gibt auch viele Museen und Ausstellungen, zum Beispiel von Leonardo da Vinci. Ein kluger Kopf, der irgendwann im Mittelalter lebte und ganz viel erfunden hat.

Meine Menschen mussten für die Ausstellung
Eintritt bezahlen. Ich nicht, kein Bärentarif.
Bären durften sich trotzdem alles angucken.
Viele Ausstellungsstücke, Nachbauten von Lenni`s
Erfindungen, durfte man ausprobieren. Super war
das Spiegelkabinett, so was brauche ich. Ich kann
dann mein Aussehen von allen Seiten kontrollieren.
Das hat er bestimmt für mich erfunden. Maria
meint, ich wäre eitel. Weiß gar nicht, wie sie auf
diesen Gedanken kommt.

So sieht das in einem Spiegelkabinett aus. Ist doch sehr
praktisch.

Puh, das waren jetzt viele Informationen, aber geht noch weiter. Venedig besteht aus vielen kleinen Inseln.... Aber halt, ich schreib ja keinen Reiseführer hab halt nur sehr viel über Venedig gelesen. Gibt viel zu gucken in Venedig, fahren wir immer gern wieder hin.

Am nächsten Morgen waren meine Menschen etwas unruhig. Laut Muschel völlig normal, so sind sie immer am Fährtag. Ich war nicht aufgeregt, nur sehr neugierig.

Die Nacht hatte es ordentlich geregnet und draußen war es sehr matschig. Schlecht für Wolfgang, denn gestern am späten Abend war noch ein italienisches Wohnmobil angekommen, das doch tatsächlich mit einem Rad auf unserem Stromkabel gestanden hat.

Macht man nicht, auf so was achtet man.
Wir haben das erst gemerkt, als Wolfgang unser Stromkabel einpacken wollte und klar, die Italiener waren schon unterwegs nach Venedig.
Wolfgang ist selbst für derartige Situationen bestens gerüstet und hat unser Stromkabel ausgegraben.
Ist echt erstaunlich was wir so alles dabei haben.

Macht keinen Spaß so was, im Regen und Matsch. Helfen durfte ich nicht, nur zugucken. Glück gehabt.

Umziehen sollte ich mich. Warum das denn? Mein Venezia T- Shirt ist ganz neu und völlig fleckenfrei. Trotzdem, ich hatte keine Chance. Ich sollte mein Minoan T-Shirt anziehen. Ist ein altes Shirt, hat Maria schon vor Jahren gekauft. Mit einem Schiff von Minoan Lines fahren wir nach Griechenland.

Mit so einem Schiff fahren wir nach Griechenland.

Minoan-Lines hat Camping an Bord erfunden. Ist echt praktisch, so ein schwimmender Campingplatz. Fährt man rauf, kriegt einen Stellplatz, einen Stromanschluss und Duschen und Toiletten gibt es auch. Die sind nicht immer richtig gut, aber benutzbar. Also, ich hab mir die noch nie angeguckt (ich hasse Toilettenbesuche) und bin da auf die Erzählungen meiner Menschen angewiesen.

Das Campingdeck ist ein halboffener Bereich auf dem Schiff. Alles ist streng geregelt. Man darf sich seinen Stellplatz nicht aussuchen. Dafür gibt es Einweiser.

Es gibt zwei Sorten Einweiser. Draußen vor dem Schiff sind es schmucke weißgekleidete, meist junge Männer oder Frauen mit Handys, Pfeifen und wichtigen Listen.

Die gucken, ob du wirklich Tickets hast und bestimmen, wann du auf das Schiff fahren darfst. Drinnen sind es dann meist blau oder grün gekleidete Männer, die dir genau sagen, wo du wie fahren sollst und zu stehen hast. Mit denen kann man auch nicht diskutieren, hat Maria schon alles ausprobiert.

Gibt immer spannende Szenen, wenn Autofahrer beim Rückwärtsfahren mit ihrem Wohnwagen Probleme haben.

Auch gibt`s Probleme, wenn Einweiser und
Autofahrer unterschiedliche Auffassungen haben,
wo rechts und links ist.
Wolfgang kann das ganz gut mit dem links und
rechts und dem Rückwärtsfahren sowieso.

Es geht den Einweisern auch nie schnell genug.
Ist ja auch klar, die haben keinen Urlaub und das
Schiff muss möglichst pünktlich den Hafen wieder
verlassen.

Blöd ist, wenn auf dem Campingdeck viele Lkw`s
stehen, denn dann sind die Durchgänge häufig sehr
eng. Und wenn dann noch Flüchtlinge auf den Lkw`s
versteckt sind....
Dazu später mehr, denn das war erst auf der
Rückfahrt.

Hey, das geht so nicht. Erst kommt doch die Fahrt
in den Hafen, die ist auch immer spannend.

Von unserem strategisch günstig gelegenen
Campingplatz ist es tatsächlich nur ein
Katzensprung zum Hafen.
Kurz durch den Kreisverkehr und schon ist man
fast auf der Brücke die nach Venedig führt. Die
Brücke heißt übrigens Ponte del Liberta´.

Ich hab genau auf die Schilder geachtet.

Da hinten, das ist unser Schiff.

Am Ende gleich rechts abbiegen und schon ist man im Hafengebiet. Jetzt ist es wichtig, Schilder zu entdecken und lesen zu können. Dann findet man und Bär auch den Weg zur Stazione Marritima. Dort zeigt man am Schalter von Minoan Lines Tickets und Pässe vor und bekommt dann hoffentlich ein Schild auf dem nicht nur Igoumenitsa, unser Zielhafen in Griechenland draufsteht, sondern auch noch die Buchstaben CD.
Das ist echt wichtig, denn nur dann darf man wirklich auf den schwimmenden Campingplatz. Inzwischen ist da die Farbe des Schildes entscheidend.

Das Schild muss man vorne hinter die Windschutzscheibe stellen oder seinem Bären in die Tatzen drücken. Dann wissen die Einweiser, wir dürfen auf das Campingdeck. Wenn man da nicht drauf darf, muss man in einer Kabine oder irgendwo schlafen, nur halt nicht in seinem eigenen Bett. Obwohl meine Menschen ja stets das Campingdeck buchen, haben sie immer Sorge, ob es wirklich klappt. Haben wir das Schild, werden sie ruhiger und konzentrieren sich auf das Durcheinander um uns herum.
Zum Schildabholen geht übrigens immer Wolfgang. Maria passt nur auf, dass er alle Unterlagen dafür mitnimmt und wieder zurückbringt.

Auch das Anmelden oder Bezahlen auf
Campingplätzen macht immer Wolfgang, nie Maria.
Ist schon komisch, bei vielen anderen Reisenden
macht das immer die Frau. Maria käme auch nie auf
die Idee, in einem Lokal die Rechnung zu verlangen
und zu bezahlen, wenn Wolfgang dabei ist.
Ist er nicht dabei, kann sie das alleine, selbst wenn
ich als männlicher Begleitbär dabei bin. Würde ich
allerdings auch nicht machen, für sie bezahlen. Hab
ja kaum Geld. Noch! Ich will ja erst ein reicher Bär
werden mit dem Bücherschreiben.

Zurück in den Hafen.
Übrigens muss man aufpassen wo man parkt, für
die Anmeldung in der Stazione Marritima.
Ist manchmal nicht ganz einfach, kann man sich mit
so einem Wohnwagengespann schnell festfahren.
Ist ja lang so ein Gespann.

Ist alles erledigt mit der Anmeldung und man weiß,
ja wir dürfen aufs Campingdeck, stellen sich
zwei Fragen:

1. Wo ist das Gate, also quasi der Bahnsteig, von
dem aus unser Schiff abfahren wird. Ist manchmal,
aber das ist sehr selten, einfach, wenn das Schiff
vor uns im Hafen ist oder es sich um einen kleinen
übersichtlichen Hafen handelt.

2. Stehen schon welche an? Und wenn, stellt man sich dann daneben oder dahinter? Manchmal sind schon Einweiser von der Reederei da. Dann bestimmen die, wo du dich hinstellst. Manchmal sind nur Hafenarbeiter oder Sicherheitsleute da und die braucht man nicht fragen. Die wissen das eh nicht.

Ist dann irgendwie klar, wir stehen in der richtigen Schlange, hat man und auch Bär Zeit sich die potenziellen Mitreisenden zu betrachten.
Da werden gegenseitig die Wohnwagengespanne und Wohnmobile beäugt.
Es werden auch erste Gespräche geführt und alle sind irgendwie angespannt.

Jeden bewegen die Fragen:
Wann kommt das Schiff?
Wird es überhaupt kommen und wie schnell ist es entladen?
Wann dürfen wir aufs Schiff und ist Platz für alle?
Wo werden wir stehen und wer steht neben uns?
Ist für jeden ein Stromanschluss da? Damit der Kühlschrank auch schön kühlt und für Maria ganz wichtig, damit die Kaffeemaschine funktioniert.
Was Kaffee angeht, ist Maria ja eigen. Kann man nachlesen in unserem ersten Buch:

Istanbul geheimnisvolle Stadt am Bosporus, eine Geburtstagsreise aus Bärensicht.

Kaffeewasser so kochen ginge nicht, weil mit Gas darf man nix machen auf der Fähre. Ist verboten, viel zu gefährlich und wir wollen doch alle sicher ans Ziel kommen.

Klar hat auch 2007 alles geklappt. Wie das ist wenn man nicht mit Camping an Bord reist, erzähle ich in meinem nächsten Buch. Führt jetzt zu weit.

Das Schiff ist riesig und natürlich ist für alle Platz und soweit ich mich erinnere, hatten wir auch einen guten Platz.

Ach ja, gerade gelesen, Maria hat in ihrem Tagebuch (die lese ich immer wieder gerne) notiert, dass wir einen luftigen Platz hatten. Super, also auch gute Luft, wenn es heiß wird.

Ist spannend so ein Campingdeck. Knapp 24 Stunden Fahrt und wir sind in Griechenland. Ich freu mich schon. Bin echt neugierig. Langweilig ist es hier nicht. Ständig gibt es Durchsagen und das in verschiedenen Sprachen. Dabei geht es auch um die Sicherheit, das heißt falls wir einem Eisberg begegnen und untergehen gibt`s einen Film, der zeigt wie man Rettungswesten anlegt und in die Rettungsboote einsteigt.

Meine Menschen haben den natürlich schon mal gesehen, nur was ist mit mir? Ich bin hier neu, ich muss doch auch Bescheid wissen.

Im ersten Jahr habe ich mich mit der Erklärung abspeisen lassen, ich soll mir keine Sorgen machen. Sie wüssten, wo die Rettungswesten und die Boote sind. Hängen doch überall Pläne. Und? Das soll ich glauben? Ich informiere mich gerne selbst.

Inzwischen habe ich sehr viel Fährschifferfahrung und bin bestens darüber informiert wo die Rettungswesten sind. Habe ich mir alles angeguckt. Ich kenne auch den Weg zum Rettungsboot. Sicher ist sicher. Unklar ist nur, ob in der Kiste mit den Rettungswesten auch Westen in meiner Größe sind.
Ich darf nicht nachgucken. Vielleicht sollte ich mal an der Rezeption fragen.

Zurück zu den Durchsagen. Sobald die Restaurants und Geschäfte geöffnet haben, gibt es Durchsagen. Manchmal wird jemand gesucht und soll sich unbedingt an der Rezeption melden. Ich glaub ja, dann werden die gesucht, die ihre Autoalarmanlagen nicht ausgeschaltet haben und deren Autos deswegen ständig Krach machen.
Ich werde nie gesucht.

Und wie vertreibt man oder Bär sich so die Zeit auf der Fähre?

Da gibt es so einiges: Man oder Bär kann zum Beispiel in der Sonne sitzen und sich das Fell verbrennen oder sich im winzigen Swimmingpool erfrischen. Das mach ich auf keinen Fall, ich sag nur: Wäscheleine!! Es gibt auch Spielautomaten. Da hab ich versucht, reich zu werden. Hat nicht geklappt. Ob ich mit dem Schreiben reich werde? Ich hoffe es.

In meinem ersten Jahr habe ich auf Muschel gehört und bin fast nur im Wohnwagen geblieben.
Es war sehr windig und Muschel meinte, salzige Seeluft ist nicht so gut für unser Plüschfell.

Langweilig war es trotzdem nicht und das nicht nur wegen der vielen Durchsagen. Ich hab meinen Menschen Löcher in den Bauch gefragt.
War nicht schwierig, schließlich erzählen sie gerne von früher. In meinem ersten Buch, in dem es um unsere Flugreise nach Istanbul geht, hab ich ja schon geschrieben, dass meine Menschen früher, als sie noch nicht so einen netten sympathischen Reisebegleitbär (also mich) hatten, keine Fähre für ihre Türkeireisen genutzt haben, sondern die ganze Strecke mit dem Auto gefahren sind.

Muss für Wolfgang anstrengend gewesen sein so mit Maria, ihren Zuckungen und Bemerkungen und ohne mich.

Leider hat Maria in den ersten Jahren keine Tagebücher geschrieben. Schade! Wie viele wichtige Informationen gehen mir dadurch verloren? Angefangen hat sie dann mit Kalendereintragungen, die super kurz waren. Da steht dann teilweise nur der Ort drin, wo sie übernachtet haben.

Jetzt bin ich auf ihr Gedächtnis angewiesen. Mist! Klar es gibt Fotos und Filme. Ist viel Arbeit, sich die alle anzugucken.

Also, wie sah nun eine typische Anreise in die Türkei meiner Menschen in den Achtzigerjahren des vorigen Jahrhunderts aus?

Interessanterweise haben meine Menschen es immer geschafft, vier Wochen Urlaub auf einmal zu bekommen. 1984 waren es sogar fünf Wochen. Das haben meine Zwei dann gleich genutzt, und sind von der Türkei weiter nach Syrien gereist. Aleppo, Palmyra und Damaskus haben sie sehr beeindruckt.

Ihre Urlaubsreisen begannen meist mittags. Die erste Nacht haben sie oft an einer Autobahnraststätte verbracht. War nie sehr gemütlich. Sehr laut und so manches Mal hat es nicht auf dem ersten angefahrenen Rastplatz geklappt.

Zu voll, zu viele Lkw`s. Kenn ich! Mit Wohnwagen haben wir so manches Mal Probleme, einen Parkplatz für eine kleine Pause zu finden.

Die Fahrtage meiner Menschen waren damals auch deutlich länger als heute. Zehn Stunden Fahrzeit waren damals bei meinen Beiden keine Seltenheit.

Heute fahren wir meist erst gegen 10 Uhr los und am allerliebsten ist Maria pünktlich zum Nachmittagskaffee wieder auf einem Campingplatz. Klappt nicht immer.

Durch Österreich sind meine Menschen früher auch gefahren, nur ging es nicht Richtung Italien sondern in Richtung Jugoslawien. Das heißt kein Fernpass, keine Europabrücke und kein Brenner. Dafür ging es über München Richtung Salzburg und da gibt es zwischendurch den Irschenberg. Ich kenn das da noch nicht. Maria mochte die Strecke nie. Bei Schwarzbach ging es über die Grenze nach Österreich und weiter über Schladming und Graz zum Grenzübergang Spielfeld nach Jugoslawien.

Ich weiß, Jugoslawien gibt es nicht mehr. Sind jetzt lauter kleine Länder. Aber damals, als meine Menschen auf dem Landweg in die Türkei gefahren sind, gab es Jugoslawien noch.

Die Strecke durch Jugoslawien führte sie über
Maribor, Zagreb, Belgrad und Nis zur Bulgarischen
Grenze. Heute stimmen zwar noch die Ortsnamen
aber es sind halt verschiedene Länder: Slowenien,
Kroatien und Serbien. Könnte man durchfahren.
Wir haben schon einige Camper getroffen, die
genau das machen.

Meine Beiden wollen das noch nicht.
Ihnen ist nicht klar, ob es die ihnen bekannten und
damals genutzten Campingplätze in Zagreb,
Belgrad, Slavonski Brod, Vinkovic und Nis noch
gibt.
Nein, die haben sie nicht alle auf einer Reise
genutzt, sondern mal den einen Campingplatz, mal
den Anderen und manchmal auch Zwei davon.
Durchs Land führt die Autoput, das war zunächst
so eine Art Schnellstraße, die langsam zu einer
richtigen Autobahn ausgebaut wurde.
Gibt auf You-Tube interessante Filme über das
Fahren auf der Autoput. Irgendwann fahren wir da
bestimmt mal lang. Hoffe ich.
Ich glaub nur nicht so richtig, dass es die
Rosenbungalows in Slavonski Brod oder die
Mückenverseuchten Schlafweinfässer in Vinkovic
noch gibt. Ist zu lange her und es ist dort zu viel
passiert.

In Nis haben meine Beiden eigentlich immer übernachtet. Von dem Campingplatz dort haben wir noch einen Prospekt aus den Sechzigerjahren, den wir bei Wolfgangs Eltern gefunden haben.
Nis war ein guter Ausgangspunkt, um durch Bulgarien in die Türkei zu fahren. Für die Durchfahrt benötigte man ein Visum, das man vor der Reise beantragen musste. Ob ich auch ein Visum gebraucht hätte?

Von dem ersten Teil der Tagestour erzählen meine Beiden immer gern. Die Straße zur Grenze führte durch ein schönes kleines Gebirge und insgesamt waren es nur so etwas über 400 Kilometer bis zur Türkischen Grenze. Klar, man durfte die Transitstrecke nicht verlassen und auch nicht überall anhalten, aber es war der kürzeste Weg in die Türkei.
Die Strecke führte durch einige Orte und Maria erinnert sich an viele wunderbare Rosen. Originalton! Rosen liebt sie heute noch. Oh ja! Wenn es geht, muss ich für Fotos daran schnuppern.

Ein- und Ausreise haben, was Bulgarien angeht, immer etwas gedauert und so manche Cola-Dose hat da den Besitzer gewechselt. Ist heute bestimmt anders, ist ja jetzt ein EU-Land.

Die Einreise in die Türkei war klar geregelt. Erst
Anmeldezettel suchen und ausfüllen und mit den
Zetteln, Pässen und Autopapieren erst zur Polizei
und dann zum Zoll gehen. Der Zoll hat das Auto in
den Pass eingetragen und alles hübsch gestempelt.
Der Müdür, also der Chef vom ganzen, hat nochmal
alle Eintragungen und Stempel kontrolliert, selbst
noch mal gestempelt oder abgezeichnet, und dann,
dann durfte man in die Türkei.

Hat länger gedauert als heute, gab ja noch keine
Computer. Der erste Ort in der Türkei war Edirne.
Hat meinen Beiden immer gefallen, durch die Stadt
zu fahren, sehr bunt und voller Leben.
Sehr häufig haben sie in Edirne übernachtet und nur
manchmal, wenn sie schon mittags in Edirne waren,
sind sie weiter nach Istanbul gefahren. Waren ja
immerhin nochmal rund 232 Kilometer bis Istanbul.

Den Istanbuler Campingplatz in Florya, direkt am
Marmarameer, hab ich ja schon in meinem ersten
Buch erwähnt.

Heute ist das natürlich ein anderes Reisen, so einen
Teil der Strecke mit einem Schiff zurückzulegen.
Bin gespannt, wie es weitergeht.

Von dem vielen Erzählen waren wir abends sehr
müde. Wir sind dann alle Drei früh ins Bett
gegangen. Zehn Stunden Bärenschlaf und ich war
fit für den Tag und für Griechenland.
Wolfgang hat, wie viele andere auch, im Restaurant
Brötchen geholt und meine Zwei haben gemütlich
gefrühstückt. Ich nicht.

Anschließend sind sie eine Runde spazieren
gegangen. Ich lieber nicht, wegen der salzigen Luft.
Außerdem, das Schiff hat gewackelt! Und ich
dachte, so große Schiffe haben Stabilisatoren
eingebaut. War mir nicht so ganz geheuer, das
Gewackel.

Es sind ziemlich viele Hunde an Bord. Gleich neben
uns sitzt ein großer zottiger Hund im Auto. Der ist
lustig und guckt immer weg, wenn Maria versucht,
ihn zu fotografieren. Muss ich auch mal machen.
Hunde haben es auf so einem Schiff nicht leicht.
Alles vibriert ständig und die Hundezwinger sind
gleich neben dem Schornstein und da ist es
besonders laut und ungemütlich.

Die Zwinger sind für die Hundebesitzer, die in einer
Kabine übernachten. Die dürfen ihre Hunde da nicht
mit reinnehmen. Etwas besser sind die Hunde auf
dem Campingdeck dran, die sind wenigstens bei
ihren Familien.

Als gut erzogene Hunde haben sie nur ein Problem:
Es gibt keinen Baum zum Pipi machen! Kaum sind
die Hunde vom Schiff runter, geht`s ihnen Bestens.
Hab ich alles ganz genau beobachtet.

Wir sind total pünktlich in Griechenland
angekommen und schon eine halbe Stunde nach der
Ankunft in Igoumenitsa auf der Autobahn nach
Ioannina. Maria hat sich so was von gefreut.
Autobahn!!! Sie kennt die Strecke ja noch ohne
Autobahn und das ist dann eine richtige
Gebirgsfahrt. Die Autobahn bedeutet für sie etwas
Entspannung. Das gute Gefühl hielt nicht lange an,
die Autobahn ging damals noch nicht durch bis
Ioannina, da kam doch glatt noch ein Stück mit
bergauf und bergab. Musste sie durch.
Leider spielte das Wetter nicht so richtig mit. Es
regnete!

Ist nicht weit bis Ioannina und wir sind ziemlich zügig
auf dem Campingplatz am See. Ist super hier, ich
nörgele zwar ein wenig über unseren Platz in der
zweiten Reihe und bin doch froh über den
Sicherheitsabstand zum See.

Der läuft nämlich fast über und laut Muschel sind da
Schlangen drin!!!! Die sollen mal schön da drin
bleiben.

Es gefällt mir hier, der Blick auf den See ist super.
Ioannina liegt im Gebirge, und Regen, auch mit
Gewitter und Sturm, haben meine Menschen hier
schon häufig erlebt.
Trotz des Regens sind viele Ruderboote auf dem
See unterwegs. Da wird richtig hart trainiert. Der
See heißt übrigens Pamvotida See.
2007 hab ich noch nicht viel von Ioannina gesehen,
obwohl es da viel zu gucken gibt. Mehr über
Ioannina schreib ich in meinem nächsten Buch, denn
da wird`s um Griechenland gehen.
Könnt Ihr Euch schon drauf freuen.

Hier auf dem Campingplatz sind viele Holländer.
Das ist eine ganz besondere Spezies. Die
brauchen meist viel Platz, hatten damals 2007,
alle kleine Radios. Natürlich wird vor dem
Wohnwagen Radio gehört, damit alle etwas davon
haben. Ist halt nur Holländisch.

Wir haben auch ein Radio, das funktioniert nur nicht
immer. Wir nutzen das nur im Wohnwagen. Gott
sei Dank. Ist mir sonst zu peinlich, wie meine Zwei
immer versuchen, die Deutsche Welle zu finden.
Die senden ihre Nachrichten auf verschiedenen
Frequenzen. Wann wo gesendet wird konnte sich
Maria nie merken. Wolfgang erst recht nicht.

Einmal hat Maria sich alle Frequenzen und Uhrzeiten vor dem Urlaub sorgfältig notiert. Hat nix genützt, sie hat den Zettel zu Hause vergessen. Immer dran denken: Das war 2007 noch so. Heute nutzen nur noch sehr wenige Holländer kleine Radios um Nachrichten zu hören. Und auch wir haben inzwischen ein Smartphone und gucken da mal nach den neuesten Nachrichten.
Übrigens, ich hab auch ein kleines Radio und könnte draußen Radio hören. Darf ich nur nicht.
Komisch.

Wir wollen ja weiter in die Türkei und Griechenland ist in diesem Jahr nur Durchreiseland. Bin ich nicht so ganz mit einverstanden. Mir gefällt es hier am See. Der Blick über den See ist super und fix was los ist auch. Ich überlege schon, ob ich nicht mal die Ruderer trainieren sollte. Sind ein bisschen langsam.
Ich setze mich durch, wir bleiben einen Tag. Und das, obwohl die Nacht sehr kühl war und wir heute Morgen die Heizung im Wohnwagen angemacht haben. Von wegen sonniger warmer Süden.
Meine Zwei sind allerdings ziemlich gelassen. Sie kennen das schon. Tagsüber war es dann auch schön warm und sonnig.

In den Ort wollte ich nicht mitkommen. Ich muss mich erst noch ein wenig an das Campingleben gewöhnen. Ist ja alles neu für mich.

Fotografieren am See lasse ich mich allerdings schon. Morgens sah der See im Nebel übrigens besonders gut aus. Ist auch spannend, womit andere Camper so unterwegs sind. Uns gleich gegenüber, in der ersten Reihe am See, steht seit gestern Abend ein eigenartiges Wohnmobil. Das sieht aus wie ein Militärfahrzeug. Sehr interessant, aber nix für mich!
Sieht so aus als wenn es da drin nachts zieht. Wolfgang sagt, das ist ein Haflinger. Ich dachte, das sind Pferde! Egal, ist nix für mich. Für Maria auch nicht.

Interessant ist auch der Mann mit Zelt aus Zwickau. Zelt, Trainingsanzug, Gasflasche, alles komplett nostalgische DDR-Ausstattung. Nur das Auto passt so gar nicht dazu. Kein Trabi oder so. Inzwischen habe ich im Fernsehen mal eine Sendung über Campingleben früher in Ostdeutschland gesehen. Das passte perfekt.
War ein toller Tag am See.

Ob ich mich dran gewöhnen werde, dass meine Zwei morgens immer ein bisschen brauchen, bis sie so in die Puschen kommen? Wird mir wahrscheinlich nix anderes übrig bleiben.

In Ioannina am See.

Am nächsten Tag haben wir uns gegen 10 Uhr auf
den Weg gemacht. Da wussten wir noch nicht,
dass wir gut 600 Kilometer fahren, dafür dann
allerdings ganz dicht an der griechisch-türkischen
Grenze übernachten werden.

Aber der Reihe nach. Ich hatte mich so auf eine
schöne Gebirgsfahrt gefreut. Maria hatte mir
gesagt, dass wir so halb um den See rumfahren
und gegenüber vom Campingplatz hoch ins Gebirge
fahren. Klang vielversprechend.
Kann man vom Campingplatz auch gut sehen. Ist ne
nette Strecke mit schönem Blick auf Ioannina.

Hat Spaß gemacht so mit Maria, die mal wieder jede noch so kleine Kurve kommentieren musste. Und dann, nicht zu fassen, kommt ein ziemlich langweiliges Stück Autobahn. Maria ist begeistert. Den Bau dieser Autobahn verfolgt sie schon seit ein paar Jahren und jedes fertige Stück Autobahn betrachtet sie als Geschenk.
Inzwischen kann man von Igoumenitsa bis zur griechisch-türkischen Grenze durchgängig Autobahn fahren. 2007 wechselten sich Autobahn und Landstraße noch ab.

Wir wollten gemütlich durchs Land fahren, die schöne Landschaft genießen und in Asprovalta, das liegt gleich hinter Thessaloniki, auf einem Campingplatz übernachten. Wolfgang hat uns, wie üblich an der Rezeption angemeldet. Maria und mir gefiel es hier so gar nicht. Der Platz war ziemlich ungepflegt. Meine Beiden kannten den Platz ganz gut und waren überrascht. Ich brauchte nicht viel zu sagen, denn auch Maria wollte nach einem Blick auf die Uhr weiterfahren.

Wolfgang also wieder zurück zur Rezeption und wir zurück auf die Autobahn. Nach kurzer Überlegung meiner Beiden, natürlich ohne meine Meinung einzuholen, sind wir dann tatsächlich nach Alexandropoulis gefahren. Hat den Vorteil, dass wir jetzt fast schon an der türkischen Grenze sind.

Der Campingplatz ist sehr gepflegt und es ist einiges los hier. Wollen die alle Urlaub in der Türkei machen? Abends hab ich noch ein wenig aufs Meer geguckt, kann man von unserem Stellplatz aus gut sehen.

Mir fällt gerade ein, so auf der Autobahn zu fahren hat auch Vorteile. Man kann sich nicht so leicht verfahren wenn zum Beispiel die Route durch eine Stadt führt oder auch nur durch ein Dorf. Maria ist nicht so besonders gut im Straßenkarten lesen. Angeblich wackelt das Auto immer, so dass sie schlecht lesen kann. Inzwischen haben wir ein Navi, aber damals..... Da gab es schon spannende Geschichten. Da muss man auch mal den Wohnwagen abkoppeln, weil man mit Auto und Wohnwagen hinten dran nicht um eine Hausecke kommt. Straßen können auch einfach mal in einem Feld enden. Ja, das Schild Road closed sollte man ernst nehmen.

Noch besser fand ich, was sie von ihrer Syrienreise erzählt haben. Auf ihrem Weg nach Damaskus mussten sie durch Homs fahren. Eine richtige Stadt und meine Beiden hatten keinen Stadtplan und kein Navi und die Hinweisschilder konnten sie auch nicht alle lesen. In Syrien haben die halt eine andere Schrift als wir hier.

Also haben meine Beiden auf ihren Kompass im Auto geachtet und sich immer Richtung Süden gehalten. Gute Idee, nur sind sie dann fast in den Souks, sozusagen in der Fußgängerzone von Homs, gelandet.

In letzter Sekunde hat Wolfgang eine Verkehrsinsel umrundet, auf der ein Polizist versuchte, den Verkehr mit seiner Pfeife in den Griff zu kriegen. Niemand hat ihn beachtet, auch Maria und Wolfgang nicht.

Danach haben sie, dank Kompass, doch noch die richtige Straße nach Damaskus gefunden.

Aber, ich schweife schon wieder ab.

Ja, den Blick aufs Meer hab ich abends echt genossen. War alles schön friedlich und dazu das Vogelgezwitscher. Echt idyllisch, hier leben sehr viele Vögel.

Nur die Nacht, die war dann schrecklich. Warum übernachten wir mitten in einer Diskothek mit Techno-Musik? Gut, die Disko lag neben dem Campingplatz, aber angefühlt hat es sich halt, als wenn mein Schlafsack mitten auf der Tanzfläche lag. Ich war also etwas unausgeschlafen und nicht so super gut drauf, als wir uns auf den kurzen Weg zum griechisch-türkischen Grenzübergang Ipsala gemacht haben.

Sind nur gut 30 Kilometer bis zur Grenze, die hier mitten in einem Fluss liegt. Griechisch heißt er Meric und Türkisch Evros und das Brückengeländer ist erst blau-weiß und dann rot-weiß gestrichen.

Umziehen musste ich mich auch noch. Keine Ahnung, warum ich nicht mit meinem Griechenland T-Shirt in die Türkei einreisen sollte. Die Soldaten an der Grenze haben mich alle freundlich angeguckt und das lag bestimmt nicht am T-Shirt.

Außerdem, worüber haben sich meine Zwei unterhalten? Mal sehen wie es an der Grenze aussieht, wie es abläuft und was es kostet? War doch alles ganz einfach, ruckzuck hatten wir das Land gewechselt. Wir mussten dafür nicht mal das Auto verlassen und Geld wollte auch keiner von uns haben.
Die Stimmung im Auto ist super. Meine Beiden total glücklich, endlich wieder einmal in der Türkei zu sein und das mit MIR.

Ich war echt gespannt, was mich erwartet. Schließlich waren meine Menschen schon häufig in der Türkei und hatten sich sehr auf dieses Land gefreut.

Unser erster Campingplatz in der Türkei sollte Altin Camp sein. Ein Campingplatz direkt am Meer in der Nähe von Burhaniye. 350 Kilometer lagen da vor uns und das ganz ohne Autobahn.
Hab gerade in Marias Tagebuch gelesen, dass sie die Fahrt super fand. Erstaunlich, lag wohl am wenigen Verkehr.

Ich war ziemlich aufgeregt, denn wir wechseln auch noch den Kontinent. Einfach so. Na ja nicht ganz, wir müssen über die Dardanellen. Das ist eine Wasserstraße, die das Marmarameer und das Mittelmeer miteinander verbindet.
Überquert haben wir die Dardanellen mit einer Fähre, die zwischen dem in Europa gelegenen Eceabat und dem in Asien gelegenen Çanakkale hin und herfährt.
Ist eng die Fähre, aber alles kein Problem für uns. Vor vielen Jahren ist Maria von einem Kapitän auf die Brücke geholt worden. Lag wahrscheinlich an ihrem weitschwingenden blauen Rock, mit dem sie während der Überfahrt etwas gekämpft hat.
Ja, ja der Wind das himmlische Kind.

Einmal haben meine Zwei auch eine ganz kleine, eher private Fähre genutzt und sind samt Wohnwagen über zwei Holzbretter auf die Fähre gefahren. Ist alles gutgegangen, das Personal war auf zack und hat aufgepasst.

Auf geht`s nach Asien.

Hab gerade noch was über die Dardanellen im Internet gelesen. Ab 2023 wird es da eine Hängebrücke geben, mit einer Spannweite von 2023 Metern und die Gesamtlänge wird 3869 Meter betragen. Bin ich mal gespannt drauf. Die will ich mir dann auf alle Fälle ansehen.

Mein erster Türkischer Campingplatz gefällt mir sehr gut. Wir stehen in der ersten Reihe. Viel Betrieb ist hier nicht, nur eine Handvoll Camper. Eine tschechische Reisegruppe mit Zelten und ein paar Deutsche, die hier Zimmer gemietet haben.

Früher waren meine Menschen nur sehr selten auf diesem Platz. Verstehe ich nicht, ist doch richtig toll hier.
Der Platz war früher fest in den Händen von Langzeiturlaubern und immer sehr voll.
Okay, die meisten anwesenden Camper hier sind alle älter und schon seit einigen Wochen auf diesem Platz.
Meine Beiden werden als Neuankömmlinge sofort ausgefragt. Das liebt Maria so gar nicht: Ankommen und gleich mit Fragen nach dem woher und wohin überschüttet werden.

Zusätzlich wollen dann auch einige immer Neuigkeiten aus der Heimat hören oder lieber gleich von ihren Reiseerlebnissen erzählen.
Hallo, Maria hat keine Zeit zum Rumstehen und Quatschen. Sie muss sich erst mal um mich kümmern! Für mich ist das alles noch neu.
Später hören wir Euch zu oder noch besser: Ich erzähle Euch meine Geschichten.

Meine Beiden haben auf ihren Reisen sehr viele interessante Menschen kennengelernt. Ich werde immer mal wieder von diesen Begegnungen berichten.

Für meine Unterhaltung sorgen hier Kinder, die am Strand mit einem Ball spielen. Draußen auf dem Meer sind auch viele Fischerboote zu sehen. Ist echt schön hier. Ich habe mich am Strand, auf dem Badesteg und auf einer Liege fotografieren lassen. Das Benutzen der Liegen kostet Geld, ist nicht in den Campingplatzgebühren enthalten.

Wir haben nix bezahlt. Kam keiner zum Kassieren, war ja auch nur ganz kurz. Das mit dem Badesteg war mir nicht so ganz recht. Was, wenn mich der Wind ins Meer geweht hätte?

Maria hätte mich gerettet. Hoffe ich doch!

Sie war hier schließlich schon Baden und das Wasser ist nicht tief. Sie kann dort mit dem Kopf aus dem Wasser stehen. Ich kenne sie ja noch nicht so lange, aber ich hab schon mitgekriegt, wie weit sie zum Baden ins Meer geht.

Sie geht grundsätzlich nur so weit rein, wie sie noch stehen kann, ohne mit dem Kopf unter Wasser zu kommen.

Gott sei Dank, war Wolfgang auch in der Nähe und der hätte mich auf alle Fälle gerettet.

Ich überlege heute noch, welches Motiv Maria auf dem Badesteg wichtiger war: Die flatternde türkische Flagge oder ich?

Ich habe mir nicht anmerken lassen, wie froh ich war, als ich wieder auf meinem Ausguckplatz im Wohnwagen saß.

Wir haben nix bezahlt für die Liege.

Zum Bummeln in den Nachbarort Ayvalik bin ich
nicht mitgefahren. Ich hatte heute genug Abenteuer.
Mitgebracht haben sie mir nix, dabei hätte ich für
meinen Einsatz auf dem Badesteg doch eine
Belohnung verdient. Finde ich!
Ich bin noch neu im Job, daher werde ich besser
nicht zu viel nörgeln.

In Burhaniye ist morgen Markttag, also wollen wir
einen weiteren Tag hier bleiben. Nix dagegen. Mir
gefällt es hier.

Alle anwesenden Camper sind dorthin gefahren.
Fast, ich zum Beispiel habe mir einen ruhigen
Campingplatztag gegönnt. Es fährt sogar ein Bus
direkt vom Campingplatz aus nach Burhaniye.
Den haben meine Zwei allerdings nicht genommen.
Sie wollten unabhängig sein und sind mit dem Auto
dorthin gefahren. Hat wohl Spaß gemacht,
mitgebracht haben sie mir schon wieder nix.
Angeblich gab es nix für kleine Plüschbären.
Ha, aber sich selbst Honig kaufen!

Nachmittags hat Maria einen langen Rundgang über
den Campingplatz gemacht und zwischendurch die
Einkäufe des Bayern bewundert. Der macht hier
mit seinem Sohn Urlaub und hat auf dem Markt
Mitbringsel für Frau und Tochter gekauft. Schade,
wir haben nicht notiert, was er gekauft hat sondern
nur, dass Maria die Einkäufe gut fand.

Wieso darf Muschel eigentlich mit ihrer
Griechenlandflagge auf unserem Ausguckplatz
sitzen und ich nicht mal mein Griechenland-T-Shirt
tragen? Verstehe ich nicht.

Am nächsten Morgen haben wir uns gegen 10 Uhr
auf den Weg nach Kusadasi gemacht, immer an der
Ägäis Küste entlang.

Ist landschaftlich richtig schön hier. Gibt hier im Land eine Menge kleiner gelber Schilder die auf Ausgrabungsstätten hinweisen.

Marias Traum war schon in den Achtzigerjahren, so viel Zeit zu haben um jedem Schild folgen zu können. Ziemlich geschichtsträchtiger Boden hier.

Natürlich geht das nicht, jedem Schild folgen, aber warum wir nicht den Abzweig nach Bergama genommen haben, verstehe ich nicht. Liegt doch fast an unserer Straße Richtung Izmir.

Bergama oder auch Pergamon war früher ein bedeutendes Zentrum der Wissenschaft. Der in Bergama geborene und berühmte Arzt Galen hat dort das Asklepieion, ein antikes Kurzentrum, gegründet. Hab ich gerade nochmal im Internet nachgelesen.

Meine Zwei waren schon häufig in den Ausgrabungsstätten von Bergama. Die haben ihnen immer gut gefallen, gibt dort viel zu gucken.

Aber das ist es nicht alleine, meine Zwei hatten dort auch ganz interessante Begegnungen. Anfangs waren sei dort immer auf einem alten Campingplatz mit lauter Maulbeerbäumen.

Maulbeerbäume haben sehr viele wohlschmeckende, aber auch sehr klebrige Früchte. Und wenn die erst mal auf dem Boden liegen, klebt alles an den Schuhen fest.

Zudem ist dieser Campingplatz in den Parkanlagen eines alten Kurzentrums untergebracht. Im Haupthaus gibt es im Keller ein kleines Bad mit rundem Becken, Säulen und einer Kuppel. Campinggäste durften das Bad kostenlos nutzen. Muss schon toll gewesen sein. Wir sollten mal nachgucken, ob es den Platz noch gibt, finde ich.

Auf diesem Platz hatten sie in den Achtzigerjahren eine Begegnung mit dem Maler Ludwig Fellner. Der Herr Fellner hatte ein kleines Problem mit seinem Auto. Als er auf meine Menschen zuging um Wolfgang um Hilfe zu bitten, hatten meine Zwei den Eindruck, Sokrates persönlich kommt zu ihnen. Sie hatten in Museen ja schon Statuen von Sokrates gesehen und Herr Fellner, eine stattliche Erscheinung, ganz in weiß gekleidet, mit Lockenkopf und dazu noch die Umgebung, da kam es ihnen halt so vor, als wenn Sokrates sie persönlich um Hilfe bittet.

Klar konnte Wolfgang helfen und der Herr Fellner hat meinen Beiden als Dankeschön einen Schwarzweißdruck einer seiner Zeichnungen geschenkt. Den haben wir auch noch.

Später gab es in Bergama einen neuen Campingplatz und meine Menschen haben den ausprobiert.

Hatte nicht den Charme des alten Platzes, aber auch dort haben sie ein besonderes Erlebnis gehabt. War auch in den Achtzigerjahren.

Der Chef vom Campingplatz führte so ganz nebenbei auch ein Teppichgeschäft. Er hat Wolfgang im Tausch gegen unser Autoradio zwei kleine Teppiche angeboten.

Meine Zwei haben sich darauf eingelassen. Nur die vom Händler ausgesuchten Teppiche haben sie nicht akzeptiert, sondern sich zwei andere Teppiche ausgesucht. Fand der Teppichhändler nicht so toll, aber er wollte ja unbedingt das Radio haben.

Die Teppiche haben wir heute noch. Ob das Autoradio noch in Betrieb ist, wissen wir nicht.

Burhaniye und Kusadasi liegen nur rund 270 Kilometer auseinander. Eigentlich nicht weit, trotzdem waren wir erst gegen 16 Uhr in Kusadasi. Die Fahrt selber ging so, sehr viele Ah`s und Oh pass auf von Maria gab es nicht, obwohl wir den größten Teil der Strecke auf einer Landstraße fuhren. Die Fahrweise der einheimischen Bevölkerung ist teilweise allerdings schon gewöhnungsbedürftig.

Besonders die Dolmus fahren von ihren Haltestellen mit einem ich will, ich will nicht, ach ich will doch, los. Bevorzugt dann, wenn man fast genau neben ihnen fährt.

Ich sollte erklären, was ein Dolmus ist. Ein Dolmus ist ein Sammeltaxi, das eine feste Fahrstrecke hat, und wenn ein Platz frei ist, kann man mitfahren und bezahlt seinen Anteil.

Meine Zwei wollten in Bursa vor einigen Jahren mit einem Dolmus, vom etwas außerhalb gelegenen Campingplatz, in die Stadt fahren. Sie haben sich also an die Haltestelle vor dem Campingplatz gestellt und sind eingestiegen, als ein Auto anhielt. Als sie dann bezahlen wollten, haben sie gemerkt, dass sie nicht in einem Dolmus sitzen, sondern ein sehr netter Türke für sie angehalten hat, um sie dann mitten in Bursas Innenstadt abzusetzen.

Ich bin noch nie mit einem Dolmus gefahren. Na, bei meiner nächsten Türkeireise holen wir das nach. Bin schon gespannt, wie die dann auf einen Reisebären reagieren.

Zurück in das Jahr 2007. Seit der letzten Türkeireise meiner Menschen hat sich viel verändert in Kusadasi. Ist halt ein wichtiger und gut besuchter Urlaubsort an der Ägäischen Küste.

Gibt nicht nur viele neue Hotels sondern auch einige neue Straßen, so dass wir erst einmal die Zufahrt zu den Campingplätzen finden mussten.

Es gibt in Kusadasi zwei Campingplätze, Yat und Önder. Wir nehmen Önder. Keine Ahnung warum, gibt bestimmt keine großen Unterschiede und trotzdem hat Wolfgang da so seine eigene Strategie. Er glaubt ja, wenn er erst den Chef von Yat nach dem Übernachtungspreis fragt, wird der Chef von Önder ihm entweder den gleichen oder einen niedrigeren Preis nennen.
Könnte sogar stimmen, schließlich liegen die Plätze direkt nebeneinander und die Chefs haben genau im Blick, was auf dem Nachbarplatz passiert.

Ist nicht viel los hier auf dem Campingplatz und es regnet. Maria kann sich nicht erinnern, Kusadasi jemals im Regen erlebt zu haben. Mir macht der Regen nicht viel aus. Ich wechsle zügig vom Auto in den Wohnwagen und mache es mir gemütlich.

Ach ja, Kusadasi! Maria liebt es, obwohl sich bestimmt sehr viel verändert hat. Nach dem Essen hielt meine Zwei nix mehr, sie mussten einfach bummeln gehen. Ich nicht. Wir bleiben ein paar Tage hier und Maria wollte nur bummeln und nicht fotografieren. Ob ich da heute aus der Tasche rausgekommen wäre, um nur mal zu gucken wie das so ist in Kusadasi? Ich war mir da nicht sicher, und bin lieber im Wohnwagen geblieben. Regnet zwar nicht mehr, aber trotzdem.

Kusadasi hat sie nicht enttäuscht. Sie hatten sich ja auf Veränderungen eingestellt. Es gibt sehr viele neue Hotels und Geschäfte, der Ort lebt halt vom Tourismus.

Kusadasis ehemalige Hauptstraße ist schon lange Fußgängerzone und die Händler möchten den Touristen natürlich ihre Waren verkaufen. Sie sind gut darin, Leute die sie gar nicht kennen, so anzusprechen als wenn man sich schon ewig kennt. Bei einem Gläschen Tee und einem kleinen Plausch könne man ja mal einen Blick auf ihr Warenangebot werfen. Gucken kostet auch nix.

Maria nennt das Kalt-Akquise. Wolfgang ist da stets recht höflich und unterhält sich immer ein wenig. Maria dagegen ist gut im Überhören der Ansprachen und das, wo die hier sehr geschickt sind und häufig mit ausgestreckten Armen auf die Leute zugehen. Wie sie wohl auf mich reagieren würden? Sollte ich mal ausprobieren.

Sehr kaufwillig sind meine Beiden allerdings noch nicht. Sie lassen alles auf sich wirken und erinnern sich etwas wehmütig daran wie es früher war, mit nur wenigen Touristenläden und ohne große Supermärkte.

Es gab kleine „Markets" für Lebensmitteleinkäufe, einen Honigladen und eine Pastanesi, in der Maria sich leckere Kekse mit Rosinen gekauft hat.
Hab ja schon in meinem ersten Buch erklärt, was eine Pastanesi ist. Glaub ich jedenfalls. In eine Pastanesi geht man zum Puddingessen und überhaupt um süße Sachen zu essen. Lest es einfach in meinem anderen Buch nach.

Witzig muss früher auch die Sache mit dem Stromabschalten und der Polizei gewesen sein. Dass abends mal der Strom ausfiel oder auch geplant abgeschaltet wurde, kam immer mal vor. Wenn meine Zwei in Kusadasi unterwegs waren und sie gesehen haben, wie die Polizisten eilig die Treppe vom Polizeirevier runterkamen, haben sie sich auf den Rückweg zum Campingplatz gemacht. Sie haben sich nie geirrt, es stimmte immer. Extra für diese Fälle hatten sie eine Petroleumlampe dabei, um Licht auf dem Campingplatz-Klo zu haben. Im Wohnwagen hat ein Stromwarner mit seinem Summen bei Stromausfall Bescheid gesagt. War wichtig, der Kühlschrank im Wohnwagen funktioniert ja mit Strom oder Gas. Wenn kein Strom da ist, haben sie ihn über Gas kühlen lassen. Unsere Kaffeemaschine funktioniert übrigens nur mit Strom und einen Stromwarner haben wir heute auch nicht mehr dabei.

Von ihrem Bummel hat Maria mir einen Glücksbringer mitgebracht, ein Nazar-Amulett. Das schützt vor dem bösen Blick, allerdings nicht vor dem Zieh-Dich-Um-Blick. Mist.

Obwohl hier nachts die Hunde bellen habe ich gut geschlafen. Hab auch nicht von der großen grünen Schlange geträumt, die hier vor sechs Jahren über den Platz schlängelte. Ganz dicht an meinen Beiden vorbei, Richtung Waschhaus. Sie haben nie rausgekriegt, was das für ein Exemplar war. Der ganze Campingplatz war in Aufruhr. Mutig sein musste nur das Personal, das die Schlange dann in den Sanitäranlagen getötet hat. Mich schüttelt es. War nicht das erste Schlangenerlebnis meiner Menschen. An der Schwarzmeerküste haben sie mal eine Sandviper auf einem Campingplatz gesehen. Damals haben sie noch gezeltet. In Ioannina, auf dem schönen Platz am See haben sie beobachtet, wie eine Schlange unter ein Zelt gekrochen ist und dem jungen Paar, denen das Zelt gehörte, gleich Bescheid gesagt. Also, wenn wir mal Zelten werden wir Schwefelpulver um unser Zelt streuen. Darauf bestehe ich. Das Schwefelpulver soll, laut Campingplatzchef von Ioannina, Schlangen fernhalten. Hoffentlich hat er da Recht.

Heute haben wir richtig was vor. Bin schon sehr gespannt. Und was macht Maria nach dem Frühstück? Sie geht T-Shirts waschen! Also meine nicht, die sind alle noch duftig frisch.

So kommen wir erst gegen 13 Uhr los. Wir fahren am Wasser entlang. Sie sind neugierig, was aus dem Gelände eines Campingplatzes geworden ist, auf dem sie früher stets einige Urlaubstage verbracht haben.

Echt schade, dass der Platz nicht geöffnet ist. Liegt direkt am Meer, zum Baden muss man nur kurz die schmale Küstenstraße überqueren. Alle Gebäude sind noch da. Warum hat der Platz geschlossen?

Wolfgang kennt den Platz schon aus Kindertagen, als er in den Sechzigerjahren mit seinen Eltern hier Urlaub gemacht hat.

Meine Zwei haben bei all ihren Türkeirundreisen hier stets mindestens eine Woche verbracht. Sogar Marias Eltern waren schon hier. Nee, das waren keine Camper. Die haben vor 30 Jahren ihren Urlaub im Ferienclub Kustur, gleich neben dem Campingplatz verbracht.

Na ja, sie waren da nur zum Schlafen, zum Essen nicht immer. Meine Beiden waren manchmal mit ihren Essensgutscheinen im Restaurant.

Und ja, eine Folklore- und Bauchtanzaufführung haben sich meine Zwei dort zusammen mit ihren Eltern angesehen.

Marias Eltern haben den Campingplatz genossen und wurden sogar von anderen Campern gefragt, ob sie denn mit dem Wohnwagen zufrieden sind. Sie wurden sogar gelobt, dass sie ihre Kinder mit in den Urlaub genommen haben.

Also mich hat noch nie jemand gefragt, ob ich mit unserem Wohnwagen zufrieden bin oder gar gelobt, weil ich Maria und Wolfgang mit in den Urlaub nehme.

Und ja, meine Beiden wurden schon wieder rührselig. Dieser Campingplatz muss schon ganz was Besonderes gewesen sein. Der Chef kam morgens immer am Bauch kratzend aus seinem kleinen Häuschen und hat lautstark Aufgaben an das Personal, alles nur junge Männer, verteilt. Abends hat er dann fröhlich mit ihnen Fußball gespielt.

Einmal hat Maria es geschafft, dem Personal auf Türkisch zu erzählen, dass Wolfgang Geburtstag hat. Prompt haben sie ihm mit Küsschen und einem Strauß Oleander gratuliert. War Wolfgang sehr peinlich!

Hier haben sie auch das Ehepaar Koch aus Hamburg kennengelernt und über Jahre hinweg oft getroffen, ohne dass sie sich je verabredet hatten. Nette Leute, mit denen sich meine Beiden viel unterhalten haben. Von denen haben sie interessante Tipps bekommen. Dazu gehörte eine Fahrt mit einer Fähre von Izmir nach Istanbul. Die haben die Vier gemeinsam gemacht. Da wäre ich sehr gerne dabei gewesen. Gab leckere Sachen zu Essen, musste man nur stets seinen Teller festhalten. Einmal losgelassen, schon hat das Personal ihn weggeräumt, ganz egal ob der Teller voll oder leer war. Witzig.

Und in Istanbul morgens auf dem Seeweg ankommen.... Das muss toll gewesen sein. Leider gibt es davon keine Fotos und damals hat Maria auch noch keine Urlaubstagebücher geschrieben. Mist, ich bin viel zu häufig auf ihr Gedächtnis angewiesen. Ich muss mal recherchieren, ob es die Fähre noch gibt. Da würde ich gerne mit fahren. Maria bestimmt auch.

Nachdem wir also eine ganze Weile vor dem alten Campingplatz gesessen hatten und ich den Erzählungen meiner Beiden lauschen durfte, sind wir weiter gefahren. Schließlich gibt es hier in der Gegend noch sehr viel Interessantes für mich zu entdecken.

Die eingetauschten Teppiche.

Hab doch glatt ein Foto von dem alten Campingplatz
gefunden sogar mit ihrem roten Bus. Über den Bus erzähle
ich so einiges in meinem nächsten Buch. Wird jetzt zu viel.

Als erstes sind wir zum Wohn- und Sterbehaus der Mutter Gottes gefahren. Liegt oben auf einem Berg. Muss Maria schon wichtig gewesen sein, der Besuch dort oben. Schließlich führt nur eine schmale, kurvenreiche Straße dort hoch, und da fahren auch große Reisebusse.

Ob es wirklich das Wohn- und Sterbehaus der Mutter Gottes ist weiß ich nicht, aber man nimmt es auf Grund verschiedener Hinweise an. Ist kompliziert. Wenn es Euch interessiert, guckt mal im Internet nach unter „Haus der Maria" oder türkisch „Meryemana Evi". Maria jedenfalls glaubt, dass das stimmt und mit ihr eine Menge anderer Menschen. Ist eine Pilgerstätte von Christen und Muslimen, hab ich im Reiseführer gelesen.

Meine Zwei waren sehr erschrocken, wie viele Menschen dort oben waren. Obwohl der Parkplatz recht groß ist und dort einige Reisebusse standen, hatten wir nicht mit so vielen Besuchern gerechnet.

Das Haus ist klein und liegt in einem Park. Vor dem Eingang zu dem Häuschen war eine extrem lange Warteschlange. Wir sind daran vorbei gegangen und haben uns auf eine kleine Mauer gleich hinter dem Sterbehaus gesetzt.

Es waren so viele Menschen da, dass Maria nicht fotografiert hat und sich auch nicht anstellen wollte, um durch das kleine Haus gescheucht zu werden. Reisegruppen haben immer nur sehr wenig Zeit und lange Warteschlangen sind da gar nicht so gut.

Nachdem wir uns das Treiben eine Weile angesehen haben und Maria dann doch gerne in das Häuschen wollte, hat sie kurzerhand den Ausgang als Eingang benutzt. Ja, Ortskenntnisse nützen manchmal was. Der Ausgang führt in den wichtigsten Raum. Ich war schon sehr erstaunt über meine Menschin. Niemand hat sie am Eintritt gehindert und die Nonnen, die im Haus die Besucher zur Eile antreiben, haben sie kurz gegrüßt und dann ganz in Ruhe in einer Ecke stehen lassen. Nicht schlecht.

Ich will da nochmal hin und hoffe sehr, dass dann nicht so viele Besucher da sind, ich mit in das kleine Haus darf und wir dann auch fotografieren.

Unser nächster Programmpunkt nach einer ganz wunderbaren Talfahrt war Selçuk, eine nette kleine Stadt. Wir waren nur kurz im Ort, wir brauchten Geld.

Gestern hatte Maria sich mal wieder an einem Geldautomaten versucht. Und was war? Das Übliche! Maria und der Automat haben sich nicht verstanden und deshalb hat der Automat kein Geld ausgespuckt. Gut, dass wir genügend Bargeld dabei hatten. So sind wir zur Post gegangen, zum Geld wechseln und Briefmarken kaufen.
Ein paar von den türkischen Liras haben wir dann gleich mal ausgegeben. Leider nicht für mich. Wir haben Decken gekauft. Der junge Mann im Laden war sehr nett und hat sich mit mir zusammen fotografieren lassen.

Ich habe trotz Foto keine Decke bekommen.

Ich wäre gerne noch ein wenig bummeln gegangen. Das wollten meine Beiden jetzt leider nicht, obwohl es hier viele schöne Geschäfte gibt.

Jetzt sollte es Ephesos sein. Meine erste Ausgrabungsstätte!

Hab im Reiseführer gelesen, dass Ephesos zu den größten Ausgrabungsstätten der westlichen Welt gehört und früher die größte Hafenstadt an der Ägäischen Küste war.

Jetzt ist Ephesos keine Hafenstadt mehr, der Hafen ist versandet und das Meer ist weit weg. Da führt jetzt eine schnurgerade Straße hin.

Ich bin also entsprechend neugierig und bummeln gehen kann ich ja immer noch.

Überhaupt hab ich viel über Ephesos gelesen. Kann ich hier aber auch nicht alles wiedergeben, ist zu viel, und schließlich schreib ich ja auch keinen Reiseführer.

Die Stadt ist echt alt und das, was man heute sehen kann, soll aus dem 4. Jahrhundert vor Christus stammen. Keine Ahnung, ob das stimmt.

Meine Beiden waren total glücklich, trotz der vielen Touristen, die sich durch die alte Stadt schieben. So viele Besucher auf einmal haben sie hier noch nie erlebt.

Ephesos liegt an einem kleinen Berg und es gibt zwei Eingänge, oben und unten.

Die Touristen werden üblicherweise am oberen Eingang abgesetzt und am unteren Eingang wieder eingesammelt. So laufen die meisten Besucher nur in eine Richtung durch die Stadt und gehen immer nur abwärts.

Wir nehmen selbstverständlich den unteren Eingang, schließlich haben meine Zwei diesen Eingang auch früher stets genutzt. Macht uns nix aus, ein wenig bergan zu gehen. Mir sowieso nicht, muss ja nicht selbst laufen und bin meist in der Tasche.

Zudem ist der untere Eingang näher am Theater. Das ist riesig und da passten früher 24000 Zuschauer rein. Von den oberen Rängen soll man ganz weit gucken können. Kann man hingehen, vorausgesetzt man ist schwindelfrei. Ist Maria nicht und deshalb hab ich keine Chance ganz nach oben zu kommen. Ich glaub, ich bin schwindelfrei. Ausprobieren konnte ich das ja leider noch nicht.

Der Blick von weiter unten so in die Landschaft ist auch nicht schlecht. Brauch ein bisschen Phantasie um mir vorzustellen, dass ich jetzt eigentlich den Hafen und das Meer sehen sollte.

In den Achtzigerjahren, als die Ausgrabungsstätte auch abends zugänglich war, haben meine Beiden oft bis zum Sonnenuntergang im Theater gesessen.

Muss schon schön gewesen sein, nur wenige
Menschen und dann die Abendstimmung.... Na ja,
wir genießen den Besuch hier trotz der vielen
Menschen und ich lasse mich sehr geduldig
fotografieren. Ist schließlich mein Job.

Gibt hier auch eine Bibliothek, die Celsus Bibliothek,
allerdings fehlen die 12000 Buchrollen die hier mal
Platz hatten. Wo die wohl gelandet sind?
Sehenswert fand ich auch die Toilettenanlage.
Ausprobiert hab ich die allerdings nicht.
Das ist ein großer Raum mit einer Rundsitzecke in
der lauter Löcher sind. Echt ein Ort der
Begegnung. Touristen lieben es, sich für Fotos auf
diese Löcher zu setzen. Hätt Maria auch gern
gehabt, so ein Foto mit mir. Hab ich nicht
mitgemacht. Ich war nur zu einem Foto weit vor den
Toilettenlöchern bereit. Toilettenbesuche sind eh
nicht mein Ding. Weiß sie doch.

Und dann haben wir uns die ehemaligen
Wohnhäuser angesehen. Kostet extra Eintritt.
Ist spannend, wie die Wohnungen früher so
ausgestattet waren. Bunte Mosaikböden und die
schönsten Wandmalereien. Nicht schlecht.
Kann man sich alles in Ruhe ansehen und zwar von
oben, denn einfach so über die kostbaren Böden
laufen ist nicht.

Ist zwar für Maria etwas gewöhnungsbedürftig, die gläsernen Treppen und Brücken die durch die Häuser führen, aber sie liebt es sich Mosaiken anzusehen.

Ja, und danach sind wir nur noch ein wenig durch die Stadt gelaufen. Meine Zwei waren müde und hungrig und wollten zurück zum Campingplatz. Mist! Gibt doch in Ephesos so viel zu gucken. Will ich nochmal hin.

Am nächsten Tag, nach einer unruhigen Nacht mit sehr viel Musik, von der wir nicht wissen, wer dafür verantwortlich war, sind wir sehr früh aufgestanden. Für uns stand schließlich ein Ausflug an, neue Trümmer besuchen. Eine Orakelstätte! Bin gespannt, was das ist.
Der Himmel ist blau, die Sonne scheint und was macht Maria? Richtig, erst mal wieder Wäsche waschen. Was sonst? Hat sie abends dann auch bedauert. Die Wäsche war nicht trocken sondern nass und fleckig. Ich hab ja schon geschrieben, Kusadasi im Regen, daran kann sie sich nicht erinnern. Allerdings, selbst ich habe im Laufe der Jahre festgestellt: Wollen wir Regen, braucht Maria nur zu waschen. Klappt immer! Würde wahrscheinlich auch in der Wüste funktionieren.

Schon auf dem Weg nach Didyma sind wir an großen Pfützen, also sehr deutlichen Spuren von Regen, vorbeigekommen.

Didyma, schon der Name klingt verheißungsvoll, ist eine ganz alte Orakelstätte. Dort stand ein Tempel der dem Gott Apollo geweiht war. Hab gelesen, dass Apollo unter anderem der Gott der Weissagung und Prophezeiung war.

Der Tempel war riesig und hatte sehr viele Säulen. Um genau zu wissen wie viele, hätte ich sie zählen müssen. Ich hab in unseren Reiseunterlagen unterschiedliche Angaben zu der Säulenanzahl gefunden. Ist aber egal, es waren sehr viele und drei von den rund 20 Meter hohen Säulen stehen auch noch.

Und dann, dann ist es passiert, das Orakel ist erwacht nach gut 2400 Jahren.

Mein Orakelspruch lautet:

„SÜSSE TRÄUME WERDEN IN ERFÜLLUNG GEHEN"

Na, da bin ich doch mal sehr gespannt, wann ich an den Honigtopf darf.

Sehr gut gelaunt habe ich mich dann fotografieren lassen und nicht mal genörgelt. als mich der Wind umgeworfen hat.

Bevor es auf den Rückweg nach Kusadasi geht, machen wir noch einen Abstecher ans Meer. Meine Beiden haben mir etwas von einem Ostseestrand erzählt. Also ich weiß nicht, die Ostsee ist doch ganz woanders. Wir sind doch hier am Mittelmeer und genau dorthin fahren wir auch. Ist nicht weit weg von Didyma.

Machen meine Beiden immer so, erst Didyma und dann einen Strandspaziergang in Altinkum. Inzwischen habe ich die Ostsee kennen gelernt und muss sagen, meine Beiden haben Recht. Altinkum hat einen Strand mit ganz feinem Sand, sehr vielen Badegästen und dazu auch noch eine richtige Strandpromenade.

Abends waren wir dann in Kusadasi bummeln, natürlich erst nachdem Maria die Wäsche ein zweites Mal gewaschen hat. Hoffentlich regnet es jetzt nicht wieder.

War schon interessant in Kusadasi, hier hab ich nämlich rausgekriegt, dass es Geldautomaten erst seit einigen Jahren gibt, und zwar als wir vor Marias Lieblingsbank auf einer Bank saßen. Originalton Maria: "Die waren da immer so nett".

Also das war so: Da gab es keine Automaten die Geld ausspucken, wenn man seine Karte und eine Zahl eingibt. Da musste Mann oder auch Frau sich keine vierstellige Zahl merken.

Damals gab es zwei andere Wege im Urlaub, weit weg von zu Hause, an Geld zu kommen. Da hatte man entweder blaue Zettel, Maria sagt, das waren Eurochecks, und eine blaue Karte dazu. Die hatte auch eine Zahl, die stand vorne auf der Karte. Musste man sich also nicht merken. Sehr praktisch.

Wenn meine Menschen also damals Geld haben wollten, weil sie das mitgenommene Bargeld bereits ausgegeben hatten, sind sie zu einer Bank, Post oder auch Wechselstube (Wolfgang wohl eher nicht, siehe mein erstes Buch) gegangen, haben einen Scheck ausgefüllt und auf der Scheckrückseite die Kartennummer notiert, vielleicht nochmal unterschrieben und haben dann Geld bekommen. Allerdings höchstens 400 DM, so hießen die Euros damals, und das auch nur wenn die Unterschriften auf Karte und Scheck übereinstimmten und nix davon gesperrt war. Sehr umständlich, und wieso hießen die Schecks vorne Euro, wenn es dafür doch gar keine Euros, sondern DM gab. Merkwürdig.

Nicht weniger umständlich war die zweite Methode, um im Urlaub an Geld zu kommen.

Da hat man vor der Reise bei seiner Bank Travellerschecks gekauft, die Maria auch heute noch konsequent nur Reiseschecks nennt. Auf diesen Schecks stand dann immer genau drauf, wie viel Geld man dafür bekommt.

Man oder Bär musste diese Schecks gleich beim Kauf unterschreiben. Wenn man mit den Schecks dann zur Bank, Post oder Wechselstube gegangen ist, musste man ein zweites Mal unterschreiben, seinen Pass vorlegen und hat dann Geld bekommen. Hat alles ordentlich Gebühren gekostet.

Wenn man Glück hatte, konnte man die Schecks auch auf dem Campingplatz gegen Geld tauschen. Haben meine Beiden mal in Griechenland in Ioannina gemacht. Da war Wolfgang stundenlang mit dem Fahrrad unterwegs um eine geöffnete Post oder Bank zu finden. War nix, alles zu, also hat er auf dem Campingplatz gefragt wo er wechseln könnte. Und nicht zu glauben, das ging auf dem Platz sogar ganz ohne Gebühren.

Heute ist es viel einfacher an Bargeld zu kommen, vorausgesetzt man oder Bär kann mit einem Geldautomaten umgehen. Also kann seine Sprache, kann lesen was er da auf seinem Bildschirm erscheinen lässt und drückt die richtigen Tasten. Dann sollte der Automat Geld rausrücken.

Es sein denn, der Automat mag Dich nicht, hat gerade Pause oder einfach keine Lust, oder Du hast die falsche Zahl eingegeben. Und darin ist Maria so richtig gut.

Bei einer Wechselaktion mit Schecks hat Maria vor vielen Jahren mal so professionell, also sehr schnell, ihr Geld gezählt, dass sie glatt gefragt wurde was sie beruflich macht. Find ich lustig. Da hat doch glatt jemand gemerkt, dass sie vom Fach ist. Mit dem Geldautomaten kann sie ja nicht so schnell umgehen. Liegt das am Alter? Na ja, bis jetzt sind wir noch immer an Geld gekommen.

Früher, also zur Zeit der Eurochecks, hatte auch jedes Land eine eigene Währung. Also Deutschland die DM, Italien die Lire, Griechenland die Drachme und und.... Jetzt haben ganz viele Länder den Euro. Ist praktisch, wenn ich so überlege, wie meine Beiden in Istanbul und überhaupt in der Türkei immer rechnen, wie viel Euro denn jetzt eine türkische Lira sind oder umgekehrt.

Am nächsten Tag, nach einer Nacht ohne Musik, habe ich meine Zwei alleine losziehen lassen. Ich habe Muschel im Wohnwagen Gesellschaft geleistet. Die Arme war in den letzten Tagen schon viel zu viel alleine. War nicht schlecht, wir hatten es sehr gemütlich.

Nur habe ich jetzt das Gefühl, so richtig was verpasst zu haben und ich hatte auch vergessen, dass ich doch vor ein paar Tagen so schöne Geschäfte in Selçuk gesehen hatte.
Allerdings, einen Einkaufsbummel haben Maria und Wolfgang nicht gemacht, ne die hatten was anderes vor.

In Selçuk gibt es ein Museum mit vielen Fundstücken aus Ephesos. Hätt mich auch interessiert, warum sagen sie mir nicht was sie vorhaben?
Hab gerade bei Wikipedia gelesen, dass es in Wien auch ein Ephesos-Museum gibt. Die Österreicher leiten die Ausgrabungen in Ephesos und haben zu Beginn der Ausgrabungen viele Fundstücke nach Wien gebracht. Dürfen sie schon lange nicht mehr. Muss ich mir merken, können wir ja hinfahren und angucken.
In Wien hat die Kaiserin Sissi, das ist die aus den Sissi-Filmen, ja auch gewohnt. Eine Reise dorthin gefällt Maria bestimmt, obwohl sie schon in Wien war. Ist sowieso schon lange her. Maria war damals mit ihrer Mama unterwegs und die hat ihr in Wien ein Brautkleid gekauft.
Hab ich rausgekriegt, beim Fotos gucken. Das Brautkleid haben wir noch. Ist nicht mehr neu, ist jetzt ein gebrauchtes Brautkleid. Ob das noch passt?

Ich schweife schon wieder ab. Also wieder Selçuk. Besichtigt haben meine Beiden auch die Johannes-Basilika. Dort soll der Apostel Johannes begraben sein. Und sie haben eine alte Moschee besichtigt. Die Isa-Bey-Moschee stammt aus dem Jahr 1375. Meine Zwei waren erstaunt, dass die Moschee geöffnet war. Sie sind mit dem Imam der Moschee ins Gespräch gekommen und der hat ihnen erzählt, dass die Moschee restauriert wird und auch schon wieder so richtig als Moschee genutzt wird. Zum Schluss hat er ihnen ein kleines Büchlein über Moscheen geschenkt.

Mit Widmung "Der Barmherzige Gott möge mit uns sein", und ihren Namen und das alles auf Arabisch.

Schade, dass ich nicht dabei war, denn dann stünde mein Name bestimmt auch in dem Büchlein. Auf Arabisch.

Was ist mit meinem Orakelspruch? Tut sich noch nix. Mitgebracht haben sie mir auch nichts aus Selçuk. Ziemlich blöd, und dann es ist nicht zu fassen: Das türkische Paar, die sind mit einem Wohnmobil hier, bringt uns Wassermelone.

Das war der absolute Höhepunkt des Tages. Was haben sie für ein Theater gemacht. Wie schön, wie nett, dass es das auch heute noch gibt. Dabei hatten die bestimmt nur zu viel Melone.

Und dann dieses, was bringen wir denn jetzt rüber? Wehe sie verschenken einen Honigtopf. Machen sie nicht, sie sind vernünftig und bringen etwas Schokolade rüber. Das ist in Ordnung, ich esse eh keine Schokolade.

Abends gehen sie dann ein wenig spazieren in Kusadasi, allerdings nur an der Strandpromenade. Nee, mitgebracht haben sie mir schon wieder nichts. Irgendwie war das nicht wirklich mein Tag, aber meine Zwei, die waren glücklich und zufrieden.

Kleine Bären so wie ich, mit einem wichtigen Reisejob, könnten auch gut mal eine kleine Freude vertragen.
Ich bau da jetzt auf meinen Orakelspruch.

Ja, und dann ging es leider schon wieder zurück nach Burhaniye. Das gefiel mir so überhaupt nicht, gibt doch hier so viel zu gucken. Mein Orakelspruch war auch noch nicht in Erfüllung gegangen.

Bevor es allerdings endgültig wieder in Richtung Norden ging, haben wir noch einen kleinen Bummel über den Markt in Selçuk gemacht. Das war super, wenn auch viel zu kurz.

Die Isa-Bey-Moschee in Selçuk.

Ich hatte ja schon zu Hause Fotos vom Markt in Selçuk gesehen. Da gibt es Obst, Gemüse, Käse, Kleidung, Töpfe, Geschirr, Stoffe, Nähzubehör, Gewürze, Parfüm und was weiß ich noch. So kurz wie wir da waren, konnte ich mir nicht alles ansehen.

Und Störche gibt es in Selçuk, ganz viele. Hatte ich neulich bei unserem Kurzbesuch hier gar nicht gesehen.

Mist, dass wir schon wieder zurückfahren müssen. Wenigstens war die Fahrt nicht so langweilig. Klar, erst Autobahn, aber dann kam Maria so voll auf ihre Kosten. Und ich erst!

War lustig, ihre Hinweise auf Ampeln, Menschen, Dolmuse und Engpässe.

Maria spricht ein klein wenig türkisch und ihr Lieblingswort heute lautet yavas, das heißt langsam.

Nach gut vier Stunden Fahrt waren wir wieder auf dem Campingplatz in Burhaniye. Unser Stellplatz von der Herfahrt war besetzt, aber Wolfgang hat ein Plätzchen für uns entdeckt, von dem Muschel und ich das Meer sehr gut sehen konnten. Nicht schlecht dieser Tag. Erst die für mich kurzweilige Fahrt und dann noch den ganzen Nachmittag auf's Meer gucken.

Am nächsten Tag haben wir die schöne Türkei schon wieder verlassen. Gefiel mir überhaupt nicht. Meckern nützte nur nix.

Nach einer ruhigen Nacht und einer kalten Dusche für Maria, das warme Wasser war aus, sind wir gegen 10 Uhr abfahrbereit.

Es war Sonntag und dadurch leider eine sehr ruhige Fahrt.

Zehn Minuten vor Abfahrt der 13 Uhr Fähre waren wir in Çanakkale. Das Schiff rüber nach Europa legte pünktlich ab, nur leider ohne uns. Da war kein Platz mehr für uns und unser Wohnwagengespann.

Also 30 Minuten kurzweilige Wartezeit. Ein junger Türke hat ohne uns zu fragen unsere Windschutzscheibe geputzt. Wolfgang hat ihm dafür etwas Geld gegeben und ich konnte besser gucken. Parfüm wurde uns auch angeboten. Wollten meine Zwei aber nicht kaufen. Komisch, war bestimmt nicht teuer und riecht man doch bestimmt gut mit.

Auf der Fähre standen wir dann ganz vorne. Perfekt, denn dank der geputzten Scheibe hatte ich einen erstklassigen Überblick.
Klar hatten meine Zwei nach der Überfahrt Hunger und überlegten Essen zu gehen. Die Lokale waren sehr gut besucht, standen ziemlich viele Reisebusse davor. Also gab es Döner-Ekmek auf die Hand und das haben sie dann auf einem Parkplatz direkt am Meer genossen. Dieses Getue um ein Stück Brot mit Fleisch und Salat, ein Honigbrot schmeckt doch auch.
Über den alten Mann, der uns freundlich zuwinkte als wir den Parkplatz verließen, habe ich mich allerdings auch sehr gefreut.
Kurz darauf haben wir schon wieder angehalten. Wolfgang hat an einem Obststand Kirschen gekauft und dann, dann haben sie an dem Stand Pflaumen geschenkt bekommen. O weia, fast geheult haben sie vor lauter Freude.

Schon wieder was wie früher. Es wäre ja auch die erste Türkeireise ohne geschenkte Pflaumen gewesen. Mannomann.

Kurz vor dem Grenzübergang nach Griechenland kam dann die bei ihnen übliche Unruhe auf: "Na wie das wohl ist? Früher war die Ausreise aus der Türkei und die Einreise nach Griechenland ja ganz einfach".

HALLO, wir haben das Jahr 2007 und ihr habt mich, Euren Reisekruemel, der macht das schon.

War alles ganz einfach, Pässe vorzeigen erst bei den Türken und dann bei den Griechen. Das war`s. Ich war froh, dass mich damals keiner nach meinem Pass gefragt hat.
Seit ich 2010 meinen Pass bekommen habe, bin ich bei Grenzübergängen stets total entspannt.
Leider fragt mich niemals jemand nach meinem Pass. Verstehe ich nicht.

Wenn ich das nächste Mal in dieses herrliche, gastfreundliche Land komme, will ich noch viel mehr kennenlernen: Bursa schein mir eine höchst interessante Stadt zu sein. Gibt dort leider schon seit Jahren keinen Campingplatz mehr. Früher, als es dort noch einen Campingplatz gab, waren meine Beiden sehr gerne dort.

Ich will auch mal die Ulu-Moschee sehen. Die scheint besonders schön zu sein, an den Wänden dort sind Kaligraphien und mittendrin steht ein Springbrunnen.

Ich will in der alten Familiençayhane (Teegarten für Familien) sitzen mit Blick ins Land, das grüne Mausoleum sehen, im alten Basarviertel rumstreifen, das alte osmanische Wohnhaus besichtigen und oben auf dem Uludag ein richtig türkisches Picknick erleben, so wie meine Beiden vor einigen Jahren mit ihren türkischen Bekannten. Ach und es gibt da noch so viel mehr. Uludag heißt übrigens der Berg bei Bursa. Ist dort sogar ein Wintersportgebiet.
In Bursa haben meine Zwei in den Achtzigerjahren des vorigen Jahrhunderts eine Alleinreisende ältere Dame kennengelernt, die mit ihrem Wohnwagen sogar den Iran und Afghanistan bereist hat. Klingt spannend.

Ach ja, und Pamukkale, übersetzt Baumwoll-schlösschen, mit seinen Kalksinterterrassen von denen Wasser runterläuft und meine Beiden in einem Schwimmbecken mittenmang alter Säulen baden durften, Maria hat sogar mit Kopf unter Wasser geschnorchelt und meine Zwei wurden anschließend auf eine Picknickdecke eingeladen.

Und dann Marmaris, ein Honigparadies mit eigenen Läden nur für Honig. Dort haben meine Beiden auf einem Campingplatz mitten im Wald übernachtet. Waren kaum ausländische Touristen dort aber sehr freundliche Türken, die meine Beiden mit Obst verwöhnt haben.

Fethiye darf auch nicht fehlen mit seinem traumhaften Sandstrand. Dort waren meine Zwei auf einem Campingplatz, auf dem morgens die Hühner und Gänse an die Wohnwagentür geklopft haben, um gefüttert zu werden.
Warmes Duschwasser gab es nur abends und wenn das Abendessen fertig war, ertönte eine Glocke.

Wo will ich noch hin, ach ja Kemer, damals noch ein kleiner Fischerort mit einem Campingplatz mitten zwischen alten Olivenbäumen, wo das Essen aus dem Familienkühlschrank kam. Gut, den Platz gibt es schon lange nicht mehr, da gibt es jetzt einen großen modernen Platz und sehr viele Hotels, aber landschaftlich ist es da bestimmt immer noch schön.

Nicht zu vergessen Bodrum mit seinem alten Kastell und seinem Yachthafen mit den vielen teuren Schiffen. Dort waren auf dem Campingplatz die Türen der Toiletten durchsichtig.

So was ist nicht schlimm, wenn man wie meine Beiden schon mal auf einem Campingplatz in Marokko war, wo es gar keine Türen vor den Toiletten gab. Aber ansonsten ist das ein schöner Campingplatz in Bodrum und auf den will ich. Den gibt es nämlich noch.

Da hat Maria nachts in der Hängematte gelegen und in den Sternenhimmel geguckt, nachdem sie von ihrem Ausflug in den Ort zurück gefunden hatten. Muss man erklären. Der Platz ist ein Stück von Bodrum entfernt und meine Zwei sind mit einem Dolmus in den Ort gefahren.

War ganz einfach. Die Dolmus-Haltestelle war ja direkt vor dem Campingplatz. Zurück hat das Dolmus nicht vor dem Platz gehalten, sondern ein paar Querstraßen weiter, waren ja auch nur meine Beiden drinnen die zum Campingplatz wollten. Hat einen Augenblick gedauert, bis meine Zwei dann den Platz gefunden hatten.

Und fehlen sollte bei meiner nächsten Türkeireise auch Kappadokien nicht. Kappadokien mit seinen unterirdischen Städten und Kirchen wo sich 1982 ein Kung-Fu Kämpfer in Maria verguckt hat.

Ach es gibt da noch so viel mehr wohin ich will. Und wenn ich dann da war, schreib ich ein Buch drüber.

Wir hatten noch fast eine ganze Woche Zeit, bis unsere Fähre von Igoumenitsa zurück nach Italien fahren sollte.

Leider haben wir die erste Nacht davon wieder auf dem Discoplatz in Alexandropoulis verbracht.
Ich mache ein wenig Theater. Bringt nur leider nicht viel, der nächste Campingplatz ist zu weit weg. Wenigstens akzeptierten wir nicht den uns zugewiesen Stellplatz und suchten uns ein Plätzchen etwas entfernt von der Musik.
Konnte die Campingplatzchefin nicht verstehen. Ich vermute, die hat noch nie hier neben der Disco übernachtet.

Müde wie ich war, habe ich ganz gut geschlafen. Am nächsten Morgen sind wir dann gleich nach dem Frühstück weitergefahren. War ganz in meinem Sinn, wer will schon in einer Disco wohnen.

Kaum hatten wir den Platz verlassen, führten die Kirschen zu einer echten Krise.

Meine Zwei hatten gestern nicht alle Kirschen gegessen. Maria hatte dann den Rest, und das waren noch sehr viele, in die Abwaschschüssel getan, die wir im Auto transportieren. Gute Idee, schließlich sollten die Kirschen nicht im Wohnwagen rumkullern.

Und was macht Wolfgang? Er fuhr laut Maria so merkwürdig, dass die Schüssel mit den Kirschen umkippte.

Die Kirschen verteilten sich schön im Auto und als Maria die Autotür öffnete, auch auf der Straße, direkt vor einer Bushaltestelle.

Da hatten wir dann ne echte Krise. Maria musste die Kirschen ganz alleine von der Straße aufsammeln. Keiner von den Leuten die da rumstanden hat ihr geholfen. Wolfgang und ich auch nicht. Wir sind einfach im Auto sitzengeblieben.

Wir sind dann ein Stückchen weiter gefahren, bevor Maria auch die Kirschen im Auto laut schimpfend wieder eingesammelt hat.

Vorsichtshalber habe ich mich ganz ruhig verhalten. Die Autofahrt war auch nicht so lustig. Zu wenig Berge, zu wenig Kurven. Übrigens ist Wolfgang ganz normal gefahren.

Unser Tagesziel war Camping Hellas in Kato Gatzea. Das liegt gleich hinter Volos, direkt am Meer. Echt schön dort. Im Gegensatz zu den Campingplätzen in der Türkei war hier ziemlich viel Betrieb. Wir stehen leider nicht in der ersten Reihe, aber immerhin mit Blick auf das Meer.

Von diesem Campingplatz hatten meine Beiden schon in der Türkei geschwärmt. Ich war gespannt, wie lange wir bleiben.

Wir sind zwei Tage geblieben und ich möchte gar nicht so viel über unsere Tage in Griechenland berichten. Schließlich soll Griechenland das Thema meines nächsten Buches werden. Und da, das kann ich echt versprechen, kommt Camping Hellas mit ganz besonderen Erlebnissen vor.

Auf dem Weg zur Fähre nach Igoumenitsa haben wir dann noch einen Tag bei den Meteoraklöstern und zwei Tage in Ioannina am See verbracht.
Und da, das muss ich jetzt einfach erzählen, habe ich mein erstes Erdbeben erlebt! In meinem Tagebuch von 2007 hab ich dazu folgendes notiert:

Gestern Morgen hat der Wohnwagen zweimal ganz doll gewackelt. Aber das war nicht so wie wenn Wolfgang durch den Wohnwagen stampft und auch das Rütteln des Windes am Wohnwagen fühlt sich anders an. Die Erde hat gewackelt. Ein ganz leichtes, ein superleichtes kleines Erdbeben. Ich mache da echt was mit. Doller möchte ich das nicht erleben, obwohl ich ganz bestimmt ein extrem mutiger Bär bin.

Wolfgang hatte das mit dem Erdbeben nicht mitgekriegt. Der war abwaschen. Wir haben im Wohnwagen keine Geschirrspülmaschine, also heißt es abwaschen gehen.

Könnte man auch im Wohnwagen erledigen, machen meine Zwei aber nur sehr selten. Gibt schließlich auf Campingplätzen richtige Räume nur zum Abwaschen für Geschirr.

Dort trifft man oft auf andere Camper mit denen man sich unterhalten kann. Meist geht Maria zum Abwaschen, Wolfgang eher selten. Dafür dauert das dann länger. Keine Ahnung ob das daran liegt, dass er langsamer abwäscht oder er sich einfach nur gut unterhält. Gibt auch Camper, die reden überhaupt nicht, die können noch nicht mal Guten Morgen sagen.

Interessant ist auch, wo Camper so ihre Abwaschschüsseln aufbewahren. Wir bewahren die ja, wie schon erwähnt, im Auto auf. Es gibt auch viele Camper, so wie Marias Bruder und Schwägerin, die schieben ihre Abwaschschüsseln immer unter den Wohnwagen. Würde Maria nie machen. Ihr sind zu viele Katzen und anderes Getier unterwegs.

Unser letzter Campingplatz in Griechenland war dann Camping Valtos in Parga. Ein Platz mit Zitronenbäumen. Das ist nicht ganz ungefährlich dort für kleine Bären, denn die Zitronen könnten mir ja auf den Kopf fallen. Die Campingplatzgäste dürfen die Zitronen übrigens pflücken. Und das haben wir auch gemacht.

Wolfgang ist mit seinem Obstpflücker bestens
darauf vorbereitet und ich unterstütze ihn.
Ist schon super, dort in Parga.

Ja, und von Parga geht es dann nach Igoumenitsa zur Fähre. Schade. Gibt es nicht auch hier im Land Orakelstätten? Die will ich alle besuchen, denn das mit dem Orakelspruch scheint doch zu stimmen. Ich habe ihn, ich habe meinen eigenen Honigtopf. Gut, er ist klein aber besonders groß bin ich ja auch nicht. Ich kann mich super draufsetzen.

Unser Schiff, die Europa-Palace fuhr erst nachts. Trotzdem verließen wir den Campingplatz schon gegen 11 Uhr. Ist keine weite Fahrt bis Igoumenitsa. Dort gibt es einen öffentlichen Strand mit Sand, Dünen und Duschen. Meine Beiden haben das Strandleben genossen und ich habe lange ein junges Mädchen mit Auto beobachtet. Die hatte wohl eine Verabredung und wurde ganz offensichtlich versetzt. Sollte sich lieber einen Bären zulegen, die sind treu und verlässlich.

Gegen 22 Uhr, es ist für die Uhrzeit mit 30 Grad immer noch sehr heiß, standen wir mit unserem Wohnwagengespann im Hafen in der ersten Reihe. Ich gleich hinter der Windschutzscheibe mit dem Ancona-Schild in den Tatzen. Hatte auch noch immer meine Badehose an, natürlich trotzdem ein T-Shirt, mein Minoan-Shirt. Ich weiß schließlich was sich gehört. Jeder der vorbei ging, auch die Coast-Guard, schaute mich freundlich an.

Ja, zurück ging es nach Ancona. Leider! Die Venedig-Fähren waren schon ausgebucht, als meine Zwei im Winter unsere Fährfahrten gebucht hatten.

Als unser Schiff dann endlich kommt, dürfen zunächst nur Lkw`s rauffahren. Ey, was ist mit uns? Ich bin so was von müde. War ein langer Tag und ich mach mir ein bisschen Sorgen. Wolfgang hat seit einigen Tagen eine merkwürdige Vorliebe für Toiletten entwickelt. Eigentlich seit er bei den Meteoraklöstern ein Pitabrot, die griechische Variante von einem Stück Brot mit Fleisch und Salat, gegessen hat. Da war wohl was nicht in Ordnung. Maria hat davon nix gegessen.

Wir waren von den Campern die ersten, die kurz vor Abfahrt des Schiffes auf das Campingdeck fahren durften. Und wo standen wir? Genau, direkt neben einem Lkw. Fand ich nicht lustig, aber beschweren bringt ja nix.
So schlecht war unser Platz gar nicht, trotz der großen Hitze wehte hier ein leichter Wind. Na wenigstens etwas. Die Abfahrt von Igoumenitsa haben wir leider verpasst. Mist, ich wollte winken, denn wer weiß, wann ich wieder nach Griechenland komme. Da meine Zwei noch nie mit diesem Schiff gefahren waren, irrten sie auf der Suche nach den Duschen erst mal über das Campingdeck.
Maria hat dann gleich noch in der Nacht geduscht.

Rund 15 Stunden dauert die Überfahrt von Igoumenitsa nach Ancona. Ich hatte recht gut geschlafen, hab den Durchsagen gelauscht und mich mit Muschel über meine erste Reise unterhalten. Kurz vor unserer Ankunft in Ancona wurde es auf dem Campingdeck richtig laut. Gott sei Dank - ich bin wirklich kein Angstbär - hat Wolfgang auf einen Lkw-Fahrer gehört und unseren Wohnwagen abgeschlossen.

In dem Lkw neben uns waren zwei Flüchtlinge. Und wo zwei sind sollen immer noch mehr sein. Der Lkw-Fahrer ist fast ausgerastet vor Wut. Für ihn kann so was mit Gefängnis enden. Hat ganz schön lange gedauert, bis die Flüchtlinge von dem Lkw runtergekommen sind. Sie taten mir schon leid. Gerade als es in unserer Ecke wieder ruhig geworden war, ging das Geschrei woanders los. Wegen der Flüchtlinge, der Lkw-Fahrer meinte es wären wohl so 30, hat es in Ancona sehr lange gedauert, bis wir vom Schiff runterfahren durften.

In Italien war es genauso heiß wie in Griechenland und Wolfgang war immer noch nicht so richtig fit. Trotzdem lehnte er Marias Vorschlag doch den nächsten Campingplatz zu nehmen ab. Obwohl ich auch recht flott in die Berge wollte, hätte mich der Campingplatz in Senigallia interessiert.

Ein richtiger italienischer Urlaubscampingplatz mit ganz wenigen ausländischen Touristen. Bestimmt sehr interessant. Meine Zwei waren schon mehrfach dort.
Dank Wolfgangs neuer Vorliebe für Toiletten lernten wir alle italienischen Autobahnraststätten zwischen Ancona und dem Brenner kennen. Mich bewegte die Frage, ob ich mich bei ihm anstecken könnte. Kleine Bären können das gar nicht ab. Marias Blick wurde auch immer besorgter. Und dann, ich konnte es nicht glauben, setzte sie sich ans Steuer. Hat sie überhaupt einen Führerschein?

Wir sehen auf den Parkplätzen auch weitere Flüchtlinge, die von den Lkw`s runterklettern und mit den Fahrern sprechen. Merkwürdig. Auf einem Parkplatz fuhr dann plötzlich ein PKW mit vier Männern vor, alle leger gekleidet und mit Handy am Ohr, die schwärmten aus und kontrollierten die Lkw`s. Da war echt was los.

Meine Zwei schienen noch keine rechte Ahnung zu haben, auf welchem Campingplatz wir übernachten wollen. Ich war müde! Merken die das denn nicht? Okay, Maria machte schon Vorschläge aber Wolfgang ging da nicht drauf ein. Bei einem Platz sagte er zu spät ja wir waren gerade an der Abfahrt vorbei, und der nächste Platz in Verona hatte geschlossen.

Extrem blöd, da so vor dem geschlossenen Campingplatztor zu stehen. Laut Campingführer hätte der geöffnet sein müssen.
Der Polizist an der Autobahnauffahrt in Verona hat mich ganz mitleidig angeguckt. Wenigstens nehmen meine Zwei die Stauwarnung ernst und wir fahren statt Autobahn ein Stück Landstraße.

Es war schon richtig dunkel, als wir endlich auf dem Campingplatz Steiner in Laifers bei Bozen ankamen. Die Schranke war schon runter. Der Chef sah mich nur kurz an und ließ uns dann auf den Platz. Ich bin ihm immer noch dankbar.

Von Laifers ging es über Oberstdorf und Rothenburg ob der Tauber nach Hause. Über die beiden Orte werde ich in einem anderen Buch noch ausführlich berichten.

Doch etwas will ich noch erzählen: Ich hab ein Taschenmesser!!!!! Mit meinem Namen drauf! Hat Wolfgang mir geschenkt. Der weiß, was kleine Bären brauchen.

Zu Hause war Wolfgang dann übrigens beim Arzt. Kurze Zeit später haben wir Post vom Gesundheitsamt bekommen. Er hatte sich eine meldepflichtige Erkrankung eingehandelt und die wollten wissen woher. Für mich ganz klar, das war ein Mitbringsel aus Griechenland. So was kann passieren.

Mein Messer!!!!!!

Ja, das war nun meine erste Reise. War super!

Bin schon froh, dass ich diesen Job angenommen habe. So 'n bisschen erziehen muss ich meine Menschen allerdings immer noch.
Hört wahrscheinlich nie auf.

Inzwischen bin ich ein sehr erfahrener Campingreisebär und in meinem nächsten Buch erzähle ich über meine Reiseerlebnisse in Griechenland.

Süße Träume werden in Erfüllung gehen.